丛书顾问

（以姓氏拼音字母为序）

顾明远　裴娣娜　史宁中　宋乃庆
田正平　叶　澜　钟秉林　朱小蔓

丛书编委会

主　任：张斌贤
委　员：（以姓氏拼音字母为序）

陈时见　程斯辉　褚宏启　杜成宪
范国睿　傅维利　高宝立　郭　戈
贺国庆　侯怀银　黄甫全　郝二军
靳玉乐　贾　娟　柳海民　刘贵华
刘海峰　刘立德　刘志军　楼世洲
马晓红　马云鹏　孟繁华　戚万学
司晓宏　石　鸥　石中英　孙杰远
田慧生　涂艳国　王建新　王嘉毅
王维平　吴康宁　肖　朗　徐小洲
徐　勇　余文森　翟　博　张慧君
张民选　周洪宇　周作宇

王筠作品中的教育思想

教育薪火书系·第一辑

耿红卫 ◎ 著

山西出版传媒集团
山西人民出版社

图书在版编目（CIP）数据

王筠作品中的教育思想/耿红卫著.—太原：山西人民出版社，2018.9(2021.5重印)

（教育薪火书系/张斌贤主编）

ISBN 978-7-203-10247-2

Ⅰ．①王… Ⅱ．①耿… Ⅲ．①教育思想-研究-中国-清代 Ⅳ．①G40-092.49

中国版本图书馆CIP数据核字（2018）第214613号

王筠作品中的教育思想
WANG YUN ZUOPIN ZHONG DE JIAOYU SIXIANG

著　　者：	耿红卫
责任编辑：	孙宇欣
复　　审：	贾　娟
终　　审：	员荣亮
装帧设计：	李尚斌　张国仁

出　版　者：	山西出版传媒集团·山西人民出版社
地　　　址：	太原市建设南路21号
邮　　　编：	030012
发行营销：	0351-4922220　4955996　4956039　4922127（传真）
天猫官网：	https://sxrmcbs.tmall.com　电话：0351-4922159
E - mail：	sxskcb@163.com　发行部
	sxskcb@126.com　总编室
网　　　址：	www.sxskcb.com

经　销　者：	山西出版传媒集团·山西人民出版社
承　印　厂：	山西出版传媒集团·山西人民印刷有限责任公司

开　　本：	787mm×1092mm　1/16
印　　张：	13.5
字　　数：	250千字
印　　数：	3001—13000册
版　　次：	2018年9月　第1版
印　　次：	2021年5月　第2次印刷
书　　号：	ISBN 978-7-203-10247-2
定　　价：	68.00元

如有印装质量问题请与本社联系调换

教育薪火 传承不息(总序)

钟秉林

在人类的历史长河中,教育一直伴随人类的文明进程在不断发展进步,那些弥足珍贵的教育著作、教育思想、教育人物和事迹,无时无刻不在拨动着教育工作者的心弦。我们永远无法忘记那些给我们留下宝贵思想财富的教育家,他们的思想、言论和实践,依然是激励我们教育工作者前进的动力。时至今日,教育的发展与变革更成为世界各国应对日趋激烈的国际竞争的重要战略。在科教兴国战略的指导下,党和国家对教育工作给予了高度的重视,深刻认识到教育家对教育事业的重要性。《国家中长期教育改革和发展规划纲要(2010—2020年)》就明确提出:"创造有利条件,鼓励教师和校长在实践中大胆探索,创新教育模式和教育方法,形成教学特色和办学风格,造就一批教育家,倡导教育家办学。"

要想成长为教育家或者在教育实践中能够起到扛鼎作用并非易事,需要我们教育工作者吸收过往教育家留下来的丰富教育营养,清晰地认识什么是真正的教育家,教育家应该具备什么样的素质和条件,做到融会贯通,大胆实践,自成一家。与此同时,在教育改革的大背景下,普通教师同样迫切需要能够在教书育人过程中得到启迪和突破的催化剂,教育家的思想和实践是经过检验的真理,是教学启迪催化剂的最佳选择。

然而,在浩瀚的书海中,以教育家为主线、囊括中外、跨越古今、自成体系的书系并没有面世。策划团队在教育的广袤园地上深耕多年,熟知一线教师的需求,希望为普通教师策划一套教育理论普及读物,以使广大中小学教师能够"近距离"地接触中外历代教育家的教育思想、实践经验和办学理念,促进教育理论水平的提高,从而更好地开展教育教学实践。书系的策划人与张斌贤教授为理事长的中国教育学会教育史分会的夙愿不谋而合,合作编写一套大规模的、以教育家为主线的书系的想法随之形成。

策划团队把书系命名为"教育薪火",是希望教育家的教育思想能够薪火相传,不断推动人类文明的发展。"教育薪火"书系拟分为三辑出版,按照中国古代、中国近现代、外国古代和外国近现代分类。第一辑共选择了一百余位中外教育家,一位教育家一本书,规模宏大,应该说能够在中国教育出版史上留下浓墨重彩的一笔。所选教育家都是经过书系编委会认真研究、充分论证而定的,他们在教育史上有较大的影响,能够启迪或者感染教育工作者,推进教育和教学的发展。当然,其中有的教育家更为名声在外的不是在教育上,但是他们在教育上的贡献毫不逊色于其他方面的贡献,比如我们熟知的一些革命家;另外,还包括了一些具有地方特色的教育家以及还没有被人们真正认识的教育家。

必须提及的是,中国教育学会教育史分会非常荣幸地邀请到我国著名的教育学者顾明远教授、叶澜教授、史宁中教授、宋乃庆教授、田正平教授、裴娣娜教授和朱小蔓教授等担任书系的顾问,成立了由40多位教育学界具有重要影响的学者组成的编委会,为书系的质量保驾护航。

还需提及的是,策划团队为物色学有专长的作者付出了巨大的辛劳。书系的作者地域和院校分布广泛,既有北京师范大学、华东师范大学、东北师范大学、华中师范大学、陕西师范大学、南京师范大学、首都师范大学等师范院校的学者,也包括武汉大学、四川大学、南京大学、南开大学、天津大学、河北大学、河南大学等综合大学的学者。作者以教育史专业的中青年教师为主力军,他们朝气蓬勃、时代感强,研究范围涉猎较广,能大胆地探索和怀疑,一些新的教育研究成果不断涌现,为书系注入了难得的新鲜气息;他们与一线中青年教师同处一个频道,其思维模式很容易被接受。

客观而言,现在每年出版的教育类图书很多很多。一类为实践性强和操作性强的教学类图书,教师拿来就可以在课堂上使用;另一类为理论性强和学术性强的图书,印数少,流通范围小,普通教师往往望而却步。然而,教育理论只有指导教育实践才有存在的价值。在我看来,书系最具特色的价值就是秉承了教育理论通俗化这一理念,在教育理论研究者和普通教师之间架起了一道桥梁。书系以教育家为主线,坚持学术性与普及性并重,用通俗化的语言,或阐述教育家的教育思想精华,或叙写教育家的精彩教育事迹和教育实践,力图"润物细无声",让教师喜欢读,在读中提高素养,深刻理解教育家,形成自己的理论,推进"教育家办学"。

当然,书系在真实性上也颇下功夫。以史料为依据,实事求是叙述,客观全面评价,不有意拔高教育家的贡献,注重教育家闪光点的挖掘和传播,是教育家历史画卷现代版的呈现。书系成规模、系统化,学术性和可读性强,具有较强的收藏价值,非常适合各中小学图书室和大学图书馆选择配置。

中国教育学会教育史分会为教育事业做了一件好事,张斌贤理事长请我作序,我觉得理应支持,欣然应允。

希望广大教育工作者能够认真阅读这套图书,为自己的教育职业生涯发展打下坚实基础,为成长为新时期的教育家而不懈努力。

丁酉年正月于北京
(作者系中国教育学会会长、北京师范大学原校长)

前　言

政治的变革首先需要思想的变革,教育在变革思想方面的作用可谓至关重要。王筠教育思想正是当时社会现状的产物。谈其思想,必先谈其本人,认识本人。王筠何许人也?王筠清高宗乾隆四十九年(1784)出生于山东省安丘县景芝镇宋官疃村,字贯山,号菉友,卒于咸丰四年(1854),享年70岁。

王筠刚两岁时,母亲便去世,这样的命运与其祖父王周颇为相似。后来,父亲王驭超迎娶了潍县郭楠溪的女儿,郭夫人又生了三男一女。王筠从继母处获得了母爱,郭夫人待王筠如同己出。王筠儿时,父亲一直寄居北京,他主要是在祖父的管教之下开始学习的。

幼时的王筠在求学期间,苦于得不到良师的指点,他的脑子里总是被各种问题、疑惑困扰着,却不敢问老师。10岁那年,王筠有幸遇到了改变他一生的老师王惺斋。这位良师的出现,成了王筠在学习上的一个重要转折点。王筠的这位老师不像其他老师那样,而是"事事皆讲",这使得王筠先前的疑问一一解开。

15岁时,父亲王驭超要远赴安徽潜山任知县,他考虑到家乡教学条件的局限性,所以就把王筠也一起带到了安徽。其间,王驭超为能使王筠早日在科举中获取功名,对他在学习上要求很严格,以至于王筠"读书之外一无所好",真可谓"督课甚严"啊!有一次,全家人都在院子里看戏,而王筠却一个人在读书学习,等三首曲子唱完后,他已经把《周易》默诵了一遍,对外面的丝竹管弦之声竟能充耳不闻。

为了增长王筠的学识,父亲还先后聘请了孙药亭、方东树等老师来为王筠授课。孙药亭善于辞章讲学,王筠与这位老师交流探讨多有唱和。随着知识不断丰富,王筠的学问渐长。他认为上年纪的人"多识前言往行",可以成为自己学习的老师,所以喜欢与这些智者、长者交往。据说,有一个从江西庐陵来的幕宾叫刘紫垣,年龄比王筠的父亲还大,性格耿直、刚毅,一般人很难接近,王筠却与他结成了忘年之交。作为地方最高官员之子,很少有人敢正面批评王筠,刘紫垣却与众不同。王筠有了过错,刘紫垣立即严厉斥责,督促他改正。有这样一位如父如兄的严师、诤友,正处在心智成长阶段的王筠受益匪浅。两人朝夕相处五年,感情至深。后来,刘紫垣回到江西后,王筠在致朋友的信中写道:"余念失此人,殆不可多得矣。"

嘉庆十八年(1813),29岁的王筠参加乡试,可惜未中。这时,他的祖父王周年已过八旬,父亲王驭超也已被罢官,一家八口人的生活并不宽裕。在生活如此窘迫的情况下,王筠夫妇选择了跟随岳父高薰业生活。这期间,王筠主要的事情就是读书,"读书之外,无所问也"。不幸的是,后来岳父高薰业在知州任上去世,王筠与妻子不得不又回到家乡。

嘉庆二十一年(1816),32岁的王筠为了养家糊口维持生计,游学于京师,开始了边设馆授徒边治学的生活。这期间,王筠也不忘经常与结交的文人学士、学问家探讨文字、交流学术,这使他在说文方面取得了很大的成就。

嘉庆二十四年(1819),35岁的王筠在京师第二次参加乡试,结果仍是落选。不过,幸运的是,虽仍未中举,却因书法上乘,被选作朝廷内的誊录抄写人员。此时,王筠终于得以享用朝廷俸禄,算是有了一份固定的职业和稳定的收入,生计之难得以解决,不再为生计发愁。

道光元年(1821),37岁的王筠回山东省第三次参加乡试,这次总算中了举人。虽不能说是老天眷顾,但对于那时的王筠来讲,真是好事一桩,乡试多考,好事多磨,终遂人愿。

道光八年(1828),王筠"以《国史·臣工传》告成,议叙一等,以知县选用"。虽说有了朝廷俸禄,生活可以自给,但仍无多少积蓄。4年后,父亲去世,王筠接到讣闻后,心痛不已,但因缺少路费,以至20天后他才到家。王筠回家守孝三年后重返京师,后来因病又回家住了一年多。由于生计的原因或是其他,56岁时,王筠再次参加会试,幸运并未降临到他的身上,仍以未中榜结束。内阁学士文庆托人说情,让王筠到他家中主事,却遭到王筠的拒绝。

一晃眼,时间到了道光二十三年(1843),山西省乡宁县出现了官缺。这年八月,王筠被选授乡宁知县。

王筠在任乡宁县令时,由于其性情刚正不阿,为官廉洁,不善逢迎上司,因此一直得不到升迁。但是,王筠并没有郁郁寡欢,他用一种平和、超然的态度看待官场的不如意,直面并超越了生活上的苦难。据临汾市地方志记载,乡宁在万山中,民朴事简,在王筠做乡宁县令时,凡是有案子上诉到王筠手中,他会立即诉判,绝不耽误。闲暇时他则书不离手。道光二十六年(1846),乡宁大旱,百姓生活饥寒交迫,王筠命开库发放存粮,救济灾民,并奏请免赋税。他同时还多方筹集巨款,修筑城墙,以工代赈,称凡参加修城的难民,免费供餐,并发给工钱。虽然他政绩显著,但却一直得不到当朝政府的重视,对此他毫无怨言,仍按自己的道德标准做官、行事。除在乡宁做过县令外,他还代理过徐沟、曲沃县令。虽然这些地方的情况都比较复杂,但在他任县令期间,地方治安都比较好,老百姓也都能安居乐业。

在山西为政的十年间,王筠在忙于政务的同时,依然坚持学习,笔耕不辍,从未间断通过书信与京城故友谈学问。他耗费了大量的精力,校勘并整理自己的学术成果。由于长期劳顿导致眼部疾病复发,曾有一段时间,王筠"不能读书,终日兀坐"。不论王筠走到哪儿,他都善于结交志同道合的朋友。在山西做官期间,曾有很多的学者、知名人士前来拜访,从师求学者很多,王筠一时声名大振,被誉为华北"儒学之冠""当代儒宗"。最后,王筠完成了《说文句读》和《说文释例》的修改和雕刻印刷,并著述了《鄂宰四稿》《徐沟笔记》,同时也不忘传播学问,在当地还掀起了一股读书学习的风气。

追寻王筠的一生,他求过学,做过官,也做过私塾先生,但是他把一生的主要时间和精力都放在了研究和传播说文上,放在了做学问上。王筠的勤奋努力造就了他在教育尤其是语文教育方面的卓著功绩。王筠自著书50多种,勘订他人书60余部,计数百卷,可谓著作等身。他所著《说文释例》《文字蒙求》《说文句读》《说文韵谱校》《说文属》《教童子法》等,多有开拓性和突破性。其中,《说文句读》

《说文释例》是朴学、文字训诂学方面的经典性代表巨著;《教童子法》是教育学方面的典型专著。

综上,王筠历经乾隆、嘉庆、道光、咸丰四朝,他见证了这一段历史的盛极而衰。当时阶级矛盾不断升级,社会动荡不安,加上朝廷一度重用贪官,导致政治腐朽。统治者贪图安逸,不思进取,思想僵化保守。资本主义萌芽虽然在这一时期已经出现,但仍与西方国家在政治、经济、文化、思想等方面存在差距。另外,西方列强对中国的无情践踏,使人民饱经蹂躏,导致民族危机空前加剧,许多仁人志士开始思考如何通过变革来改变这种现状。王筠就是其中的一位。当时教育界存在的教条主义和形式主义现象,因此,他在自己的整个教学生涯中,时刻以抨击时弊、批判现有教育制度为己任,如其提出"学生是人,不是猪狗"的人本主义思想以及反对"以功名为学问",积极提倡中正"德行"的学风,提出"功名、学问、德行,本三事也"的看法,都体现了其颇为犀利的批判精神和民主主义教育思想。虽然王筠的很多见解也反映了他的保守主义文化观和教育观,但在封建科举制的教育环境下,他的蒙学教育理论无疑有着石破天惊的历史价值,至今仍然值得我们挖掘、继承并发扬光大。

目 录

第一章　被关注的识字教学　　　　　　　　　1

　第一节　蒙养之时，识字为先　　　　　　　3

　第二节　先取象形、指事之纯体教之　　　　10

　第三节　逐字解之，令其自解　　　　　　　15

　第四节　须说入童子之耳　　　　　　　　　24

第二章　被注意的写字教学　　　　　　　　　29

　第一节　学字亦不可早　　　　　　　　　　31

　第二节　不可学小字　　　　　　　　　　　38

　第三节　初学文者，大题当读小名家　　　　43

第三章　被重视的阅读教学　　　　　　　　　47

　第一节　识二千字，乃可读书　　　　　　　49

　第二节　令其善疑，诱以审问　　　　　　　54

　第三节　多读勤讲，岁无旷日　　　　　　　61

　第四节　圈其所抹，抹其所圈　　　　　　　66

第四章　被认识的写作教学　　　　　　　　　73

　第一节　放之如野马，不受羁绊　　　　　　75

　第二节　涵养诱掖，待其自化　　　　　　　81

第三节　拾人牙慧，学时文皮毛　　　　　　　　87
　　　第四节　少改易之，以圈为主　　　　　　　　　93

第五章　被提出的德行教育　　　　　　　　　　　　　97
　　　第一节　功名、学问、德行，本三事也　　　　　99
　　　第二节　应对进退，事事教之　　　　　　　　107
　　　第三节　孝弟忠信，时时教之　　　　　　　　112

第六章　个性的教育理念　　　　　　　　　　　　　123
　　　第一节　学生是人，不是猪狗　　　　　　　　125
　　　第二节　人皆寻乐，谁肯寻苦　　　　　　　　135
　　　第三节　小儿无长精神，必须使有空闲　　　　142

第七章　切实的教育主张　　　　　　　　　　　　　147
　　　第一节　步步着实，专心致志　　　　　　　　149
　　　第二节　不敢望子弟为圣贤，亦当望子弟为鼎甲　156
　　　第三节　教弟子如植木　　　　　　　　　　　161

第八章　发展的为师之道　　　　　　　　　　　　　169
　　　第一节　无知之师　　　　　　　　　　　　　171
　　　第二节　呼唤良师　　　　　　　　　　　　　180
　　　第三节　继承与发展　　　　　　　　　　　　192

参考文献　　　　　　　　　　　　　　　　　　　　197

后　记　　　　　　　　　　　　　　　　　　　　　201

第一章

被关注的识字教学

王 筠

中国语文教学可谓历史悠久,自从有了文字,也就开始有了语文教学。在这漫长的语文教学历史中,被世世代代证明的一些行之有效的方法,尽管早已被蒙上了时代的尘埃,但仍有许多与现代汉字学习相通相融的方面。纵观中国古代语文教学经验的传统,可以说是传于斯,统于斯。而在堪称传统经验的这笔伟大的财富中,最应该引发我们深思的就是其深刻地表现了中国汉字、汉语学习经验的基本规律。择其要者而言,如:注重识字。注重识字这一基本的传统经验对我们如今的语文教学仍具有重要的指导意义。清代著名的文字学家王筠就儿童的识字教学阐发了深刻的见解,他提出了集中识字、识字与解字相结合的识字方法,应尊重儿童的身心发展规律、顺其自然的教育原则,以及循序渐进、因材施教的教学方法等,对提高小学识字教学质量具有重要意义。

第一节 蒙养之时,识字为先

每一个汉字都蕴含了丰富多彩的文化,它的创造、形成与发展都是我们伟大民族智慧的展现。学习汉语、学习其他知识都要以识字为基础,它是我们语文教育的基石。细品清朝著名教育家王筠在《教童子法》中阐述的教育理念和主张,深感"蒙养之时,识字为先,不必遽读书"这一论述深有其理。他的这部著作可以说在中国教育史上具有革新、启蒙的意义。那么,学者王筠为何能够对识字教学有独到的见解呢?

王筠生于清乾隆四十九年(1784),卒于咸丰四年(1854),享年 70 岁。他的人生经历比较简单,几乎没有什么跌宕起伏,同样也没有什么传奇经历。他一生所走的路与传统封建文人通常遵循的"读书—科举—入仕"的道路无异。但与其他文人稍有不同的是,他的父辈们都注重做学问,这无形中对聪明好学的王筠产生了潜移默化的影响,使王筠始终将读书治学作为自己的终身追求。正因为如此才成就了王筠,使他成为清代"说文四大家"之一,成为我国古代优秀的语言学家、文字学家。王筠喜欢思考问题,从他的教学经验中可以看出,他在教儿童识字时摒弃了传统的死记硬背的教学方法,依据汉字的特征并结合儿童的心理特点来实施教学,并编著了《文字蒙求》《教童子法》等教育方面的论著。在识字教学方面,王筠有着自己独到的见解。

"蒙养之时,识字为先,不必遽读书。"这是王筠在《教童子法》中提出的识字教育理论,意思是说在进行启蒙教育时,不用急着让学生读书,要以先学习识字为主。王筠喜欢读书,他认为读书对一个人的修养和德行的培养有很重要的作用,甚至对学业上的成就有很重要的影响,因而他十分注重读书教育。但他提出读书也需讲究方法,需要有合理的读书顺序。王筠提出,在读书顺序中首先应该进行识字学习,识字是读书的基础,经史诗文,都是积字成句,积句成章的,过不了识字关，就无法进行读书学习。识字教学在蒙学之初有着至关重要的作用。中国历代教育家可以说举不胜举，但其思想大多数是关于教育哲学抑或一般教育等方面的卓见，能够在小学识字教育方面提出原理、见解与具体方法者，恐怕王筠应属于较早的一位。

王筠是我国著名的文字学家之一，他谙熟字理，对汉字有着独到深刻的认识和研究。王筠所著的《教童子法》仅仅用六千余字就阐述了儿童语文教育，对童蒙教育提出了精辟的见解，具有很强的实用性，是我国最早的小学语文教学法著作及启蒙教育专著。能够受到如此高的评价，那么，作者王筠又是怎样的一个人呢？

王筠小的时候父亲在外做官，无法照顾他，他就跟着祖父王周一起生活学习。他的祖父很有学问，喜欢读书。据传，王周曾将自己的一些财产捐出来，为孩子们修建了一所学校，专门招收族内那些家境困难上不起学的孩子，可见他的祖父对读书教育的重视。王筠深受祖父的影响，从小就养成了读书学习的好习惯，并对文字产生了很大的兴趣，而且他酷爱思考、刻苦用功，这对他后来致力于汉字研究可以说起了一个很好的铺垫作用，使得他能在汉字方面有很深造诣。上学时，在学习"跳"和"跃"这两个字的时候，他甚至还思考这个"跳"和"跃"是一条腿跳还是两条腿跳。有一次大家在过小河沟时，旁边的人说可以跳过去，他听后从"单腿为跃，双腿为跳"的概念出发，于是并着腿跳，最后落在了水里……他儿时的这个故事传播久远。不难看出，王筠在汉字方面的思考和研究是少有人能比的。

据传比较有意思的一个故事是：有次王筠与朝鲜使臣申在植谈话，申在植拿出他自认为很得意的一方印章，印章刻的是"申在植印"，让王筠给他评鉴。结果王筠发现"申在植印"这四个字中，只有"印"这一个字是正确的。这枚印章刻字出现的错误之前从没有人发现，但王筠却察觉出来了，申在植惊叹不已。为此，他们俩还结下了深厚的友谊。

王筠在京师的时候，曾在住所门口挂过"问字处"这样的招牌，是专门为别人请教字而设的，凡是遇到不识不懂的字，都可以来询问他，因此他的名声越来越大,来求教的人也越来越多,后来请教的问题也不只局限于文字方面了。王筠不但重视学习,同时也很注重学问的传播,在当地还掀起了读书学习的风气。有一个私塾,本来是招不来学生的,但是大家听说是王筠在招生,结果门都被挤破了。王筠在曲沃代理知县期间,曾在那里的书院讲过课。当时那个书院只有30多人,可是王筠在那里上课没多长时间,去学习的人数就增加到一百多了。后来由于人太多,书院容纳不下,只好规定超额淘汰。即便这样,"犹不能禁其来学也"①。可想而知,当时王筠的影响力有多大。

王筠长期致力于《说文解字》的研究,对汉字有着独到的理解和很高的领悟能力。王筠在京城时,他的好朋友陈山嵋特地去拜访,并想让王筠帮忙给他的两个孙子编写识字教材。王筠没用几天工夫就编成了,并取名《文字蒙求》,可以说这是一本指导儿童识字的课本。还有一次,王筠在短短五天的时间竟独自编写出一本《检说文难字》。这本书的编写有一段故事:王筠听说朋友李璋煜意外淘到一本《检难字法》,由于许慎的《说文解字》按部首编排,但因篆书和隶书字体差异很大,初学者往往不能辨别某字的部首,有时为查一个字甚至要翻遍全书。《检难字法》类似于今天字典里的难检字笔画索引,可以解决《说文解字》查字难的问题。王筠想从李璋煜处借,但却被谢绝了,他就自己编了一本,然后向李璋煜借来将两书对比,竟发现几乎没什么差异。从这一点可以看出,王筠在"字"的认识与研究上是有一定的功底的。

据《清诒堂文集》记载,王筠仅用100天左右的时间,就完成了对《说文释例》的编著,《说文句读》也仅用了20个月左右的时间完成。王筠研究说文的厚积薄发,可以说在开始阶段更多的是在探索、在学习、在与友人讨论,在形成自己的观点与主张以后,他才开始动笔写作,所以写得很快。在王筠之前,东汉许慎的《说文解字》已经对文字的小篆形体结构进行了研究,清代段玉裁、桂馥等也都对此提出了自己的见解。但王筠的著作跟他们有很多不同之处,他不依于旁人,独辟蹊径,对许慎的著作有补充之功,对段氏之说有勘拗之功。在当时,研究学问更多的是看重家传,秉承师说而不敢越雷池一步,王筠研究说文,却敢于依据事实来批判前人。

---

① 李之凡、李继强:《栖身僻壤,谈笑往来皆鸿儒》,《潍坊晚报》2013年3月18日,第B06版。

王筠的成就其实也有很大一部分源于他夫人这个得力助手。王筠18岁结婚，他的夫人是"扬州八怪"之一高凤翰的孙女高梦莞，是位远近闻名的才女，对文字研究也颇有造诣。据说《说文释例》的第二卷和第三卷中对某些字的诠释，王筠就采用了其夫人的说法。有人认为，从书中对"牛"字和"产"字的解释来看，其夫人对"六书"及音韵学的确很有研究，也颇有见地。王筠在研究说文的过程之中，和他夫人之间有很多有关字形、字义、字音等方面的切磋，有些字形或字义的解释及很多观点他也明确地说明是采用了其夫人的意见和说法，夫妇二人在研究文字学方面应该是相互有所切磋、有所帮助的。在教学生识字抑或是帮助大家学习理解汉字的意义时，王筠为了能让大家更好地理解，他联系了自己在家乡所见所闻的一些事情、事理、工具、农具，其中涉及的有关农事活动的材料就有很多，比如平时种田用的锨、锄等。

　　"年近三十，读《说文》而乐之，每见一本，必读一过"，"年将三十，始见《说文》，乃专治之"。《说文》即《说文解字》，这是王筠对自己转变治学方向，在《说文释例》自序和给朋友信中的两段记录。王筠虽然在这里没有提及夫人，但从其夫人在说文方面的造诣来看，王筠的这个转变应当与夫人不无关系。研习古文字，必读《说文解字》。王筠读到的《说文解字》的第一个版本，恐怕就是其夫人随时阅读使用的。①

　　总之，不管是父辈的影响成就了王筠，还是王筠自身的努力成就了自己，终归都避免不了社会这个大环境的影响。王筠生活的时期恰是中国历史大变革的时代，他的一生历经乾隆到咸丰四个时期，可以说是见证了这一段历史的从盛极一时到逐渐衰落。社会的变革必然会引起思想的改变，教育也是如此。

　　当时的童蒙教育界急于让学生学写八股文，而普遍忽视汉字教育，忽视儿童的身心发展。加上封建统治者为了维护摇摇欲坠的统治，在大肆推行程朱理学的同时，也全力推行科举考试制度，用以钳制、引诱士人，使他们终其一生一无所志、一无所求，惟帖括是务，惟利禄是求。教育是统治者推行其统治的基本手段

---

① 李之凡、王鑫：《才女为妻，十载方悟是知音》，《潍坊晚报》2013年3月18日，第B03版。

和主要工具。因此,学习八股文的写作成了当时学校教育的主要课程,也成了当时人们的主要追求。《家塾教学法》之《父师善诱法》曰:

> 古者教子弟之法,师以"三行",保以"六艺",未尝专主咕哔课诵及授简橐笔之事……今世则不然,学校之造士,文衡之选士,全以是物之优劣为进退,则又无分贵贱少长,皆为最急之物矣。①

王筠意识到,这种不顾读写教学规律,忽视儿童的发展,入学就要儿童死读书、读死书、学写八股文的教育,不是在培养人才,而是在摧残人才,会有很多祸害,必须坚决反对,予以纠正。于是他在《教童子法》里面提出了"蒙养之时,识字为先,不必遽读书"这一革新时弊的教育思想。

王筠认为:"蒙养之时,识字为先,不必遽读书。"不仅要把识字放在第一位,同时也强调在识字过程中要让学生先集中识字。所谓集中识字,就是让学生先集中学习一批汉字,学完了一批,继而再读一些课文来巩固识字,这样循序渐进地识字、读书、学习。简言之,就是"先识字后读书"。王筠认为集中识字这种方法能够让学生在短期内学习并掌握大量的汉字,可以提高识字效率,但他也意识到了这种识字教学方法的弊端:学生会感到枯燥无趣,可能会厌倦对语文的学习。因此他也认识到,在提高识字效率的同时又能激发学生对识字本身的兴趣尤为重要。在王筠看来,这取决于教师是否能够深刻地认识、理解汉字教学。

在普通人眼中,识字只是为了能够读书、写作,它只是读书与写作的工具而已,而其本身不是目的。而王筠却认为,识字教学本身有着它自己独立的教育意义,学习汉字的目的就是掌握其本身,前人造字意在正名百物。因此,汉字并不是单一的、刻板的笔画组合,而是以人为本,即在笔画组合而成的"形"后蕴含着丰富的事。王筠对汉字的这一认识,也契合当今很多学者所关注的"汉字文化"等问题,这在今天看来不管是在中国还是在世界上都是具有一定的超前意义的。联合国教科文组织《2006年全民教育全球监测报告》也明确指出:"学习掌握识字能力是人的一种权利,是进而学习任何其他知识的基础。"这足以说明识字的重要性。

---

① 唐彪:《家塾教学法》,上海:华东师范大学出版社,1992年版,第130—131页。

王筠在《教童子法》里还提道:"能识二千字,乃可读书。"这里讲到的是关于识字量的问题,也就是要注意"度"的问题。儿童掌握了两千多个汉字就可以进行进一步的读写训练了,这基本上可以满足儿童的求知欲,少则无法进行进一步的读写学习,多则会增加儿童的压力,学起来比较困难吃力,会影响学习效果。他提出的识字量符合初学者学习和运用的要求,这是以儿童的心理特点和接受能力为出发点的,是站在儿童的角度来考虑的。这也正是《三字经》《百家姓》《千字文》能够作为蒙学识字课本在古代比较流行的原因之一。因为这三本教材合计两千七百余字,除去重复的字估计也就两千多字。王筠也正是认识到了这一点,因此提出了"识二千字"。另外,他著的《文字蒙求》就是专门为儿童识字而编写的,其中收字共约2 050个。他在序中还说:"总四者而约计之亦不过二千字而尽,当小儿四五岁时,识此二千字,非难事也。"[①]在王筠看来,小儿能够认识此2 000多字并非难事,是合理的。

王筠的"蒙养之时,识字为先"这一教学思想也是其超前意识的体现,对我们的小学教学具有深远的影响和借鉴价值。1982年,英国著名科学杂志《自然》发表了一篇短文,曾轰动了世界。内容是这样的:科学家们对英美法德日五个国家的儿童进行智商测验,测得的结果是:英美法德四个国家儿童平均智商为100,唯有日本儿童智商为111;在英美法德四国的各100名儿童里,智商达130的,各国都只有2名,唯独日本有10名。科学家们最终得出的结论是:因为日本孩子学了汉字。科学家们对日本儿童的智商作了进一步详细的调查测验:6岁入小学时,没学过汉字的孩子的智商同欧美四国孩子的智商一样,平均也是100;5岁开始学汉字,入小学前学过1年汉字的孩子,智商可达110;4岁开始学,入学前学过2年汉字的孩子,智商可达120;3岁开始学,入学前学过3年汉字的孩子,智商可达130以上。这就说明学习汉字对提高智力起到了很大的作用,学好汉字也会对孩子的终身发展打下重要的基础。基础打好了,才能更好地进行阅读和写作以及更深入的学习。反之,识字教学搞不好,基础没打牢,学生的读写能力就无从培养,那么,语文教学就失去了根基,学生的发展也就犹如空中楼阁。

早识字能够帮助学生尽早进入汉字阅读阶段,为他们开启一个生活经验之

[①] 王筠:《文字蒙求》,北京:中华书局,1962年版。

外的多姿多彩的文本世界,这不管是对孩子的思想和情感,还是对培养孩子获取信息的能力,都有极为重要的意义。正如崔学古所说:"五六岁时,方离襁褓,未脱孩心,眷眷堂前,依依膝下,乃其天性本真,若令就学,每日先令习坐、习静、识字。"(《檀几丛书·幼训》[①])古人也早就有精辟的论述:"人生聪明识字始。"郭沫若也曾说过:"识字是一切探求的第一步。"要掌握丰富的人类文化,必须从识字开始。唯有认识了一定数量的字,看到字形,可以读准字音、想到字义,才能进行广泛的阅读,才能准确地表情达意。因此,识字教学是蒙学的主要内容之一,应受到关注与重视,在蒙学教育中的第一步应教孩子识字。

[①] (清)崔学古:《檀几丛书·幼训》,康熙三十六年(1697)武林王新安张潮刊本。

第二节　先取象形、指事之纯体教之

少年时的王筠酷爱篆籀之文，后来随着年龄的增长他也逐渐博涉经史，直到跻身仕途，在外做官他也依然手不释卷，对文字学的研究投入了很多精力。功夫不负有心人，最后他终于形成了关于汉文字结构和音形义特征的独到的文字理论。

为了能够普及并推广文字学，让儿童更容易理解和掌握中国汉字的规律，王筠费尽心思编著了《文字蒙求》这本书。《文字蒙求》在体例上摒弃了传统识字教材的编写形式和风格，区别于传统的识字教材在编排汉字方面主观性较强的特点，它将所收录的字根据自己所分析的汉字结构来分类编排，即先编写象形、指事，然后才是会意和形声。这种编排比之传统的识字教材可以说更加系统化、理论化和科学化，更加符合儿童的识字规律。这种创新的体例编排使得王筠在教学方法上也有独特之处，在识字教学时从分析字形、讲解字理入手，打破了传统的识字教材只注重记诵、不做讲解分析的教法。例如：

"山"，其上峰也，其下，岩穴也。
"川"，贯穿通流水也。

王筠编写的这本《文字蒙求》在中国传统儿童识字教材中堪称见解独到、别具匠心，是一部难得的识字教材。王筠对识字教育用心良苦，他对文字有深刻的研究，这在当时可谓人人皆知，在民众之间影响很大。

相传王筠有一天到郊外散步，走了没多远，遇见一群儿童在玩游戏。孩子们看见文字学家王筠走过来了，就想出个点子难为一下这个文字学家。于是他们中间年龄稍大一点的那个孩子走到王筠面前并拦住他说："王老夫子，听说您在文字方面很精通，我想出个谜语考一考您，如果猜对了，就让您从这儿过去。"王筠听说要在文字上考考他，觉得很有意思，于是就笑着说："小朋友，你要出个什么谜呀？说说看。"这个孩子说：

> 一点一点分一点,
> 一点一点合一点,
> 一点一点留一点,
> 一点一点去一点。

分别打四个字。王筠听后,心想:这个谜确实很巧妙,没想到这些童子如此聪明,但这个谜语对于文字学家的他如同小菜一碟。他毫不犹豫地说:"我知道答案了。"于是就捡起一根树枝在地上依次写出了"汾""洽""溜""法"四个字。孩子们一听,都不禁欢呼地拍手大叫:"对了!对了!真不愧是文字专家!"那个大点的孩子说:"先生我想做您的学生,您肯收我吗?"王筠说:"想要做我的学生可以,但我有个要求,那就是我也出个字谜考考你,如果你答对了,我就收你这个学生。"接着就说道:

> 一横一横又一横,
> 一竖一竖又一竖,
> 一撇一撇又一撇,
> 一捺一捺又一捺。
> 这是个什么字?

这个孩童听完后一边在地上画着一边思考,苦思冥想也没有猜出来,于是就很不好意思地挠了挠头对王筠说:"王老夫子,您还是把答案说出来吧,我没猜出来。"王筠于是拿着树枝在地上画了一横,紧接着又在下面画两横,之后又在每一横上分别画了一竖,然后再在每个"十"字上分别加了一撇。正在这时,这个孩子一下子明白过来了,就拿着树枝并在每个字上又添了一捺,并问道:"先生,您看是这个字吗?"王筠高兴地对那个孩童说:"嗯,答对了,那我也答应你收你做我的学生。"

在识字教学方面,王筠在《教童子法》中说"蒙养之时,识字为先,不必遽读书,先取象形、指事之纯体教之"。"识字时专心致志于识字,不要打算读经;读经时专心致志于读经,不要打算作文……如其牵肠挂肚,瞻前顾后,欲其双美,反致两伤矣。"他的这一思想为当代教育所借鉴。

王筠意识到集中识字时,不仅要注重识字效率的提高,同时也要避免学生识字的枯燥无味,那么如何能在提高识字效率的同时又能激发学生对识字的兴趣,这是最关键的。王筠认为,这就需要教师在识字教学中认识到汉字本身所蕴含的意义,要按照汉字的特征以及儿童的认知特点来实施教学,这样才有助于儿童高效率地识字。

王筠对识字教学的深刻认识还得之于他对汉字的起源、发展形成了自己的观点和看法:他认识到文字为记事而作,在记物的基础上记事,在记实的基础上才记虚,汉字是基于象形的表意文字,这正是文字的"枢机"所在。古人造字的规律是先有象形、指事,然后在此基础上才有了会意、形声。所谓的象形字是指以形象的图画或符号为基础,来描绘事物形状的一种造字法,这种字比较形象、具体,指事字也是如此。这类字对于初学儿童来说比较容易,而会意、形声字相对来说就显得有点难度了,这类识字应在学龄儿童有了一定的识字量以后再加以学习。这种识字方法从简单到复杂、由抽象到具体,正符合了人们的认识规律,迎合了儿童的特点。

在《文字蒙求》序中,王筠借用好友陈山嵋的话道出了自己编写这本教材的用意,即"人之不识字也,病于不能分,苟能分一字为数字,则点画必不可以增减,且易记而难忘矣。苟于童蒙之时,先令知某为象形,某为指事,而会意字即合此二者以成之,形声字即合此三者以成之,岂非执简御繁之法乎?……总四者而约计之,亦不过二千字而尽。当小儿四五岁时,识此二千字非难事也。"[①]从这篇序中我们不难看出,王筠针对汉字构造与识字方法阐述了自己的观点和认识,而且在编辑此书之前,他就已经认识到儿童在学习汉字过程中所存在的主要问题,并做了认真的分析,即"不懂拆分笔画且难记易忘"。出现这样的问题,原因在于不能分析字形结构。同时,他还提出了解决这些问题的具体方法:在童蒙时代,应先让小儿识得象形、指事字,至于会意字和形声字——会意字由象形和指事两种合成,形声字由象形、指事和会意三种合成,只要掌握了象形字和指事字,再学习其他字就相对简单多了。

---

① 王筠:《文字蒙求》,北京:中华书局,1962年版。

因此在进行童蒙识字教学时,应先教象形、指事这类的纯体字,采用直观法进行教学。诸如,学习"日""月"两字时,就可以用天上的太阳和月亮来教之;识"上""下"两字,就用在上和在下的东西来教。这种教学方法比语言传递的信息要直观形象,更易于学生理解、接受,还有助于学生学习兴趣的提高,促进能力的提升,也可为之后知识的学习打下坚实的基础。识字教学的过程不单单是为了教儿童认识字,更重要的是培养儿童识字的能力。

纯体字认识了之后,再让学生学习合体字。纯体字所指的就是我们今天所认识的独体字,一般是指象形、指事这类字,这也是王筠的一种分类识字方法。这种识字方法也必须先讲容易的,然后再讲难的,既符合儿童的认知规律,同时也使得学生对不同汉字之间的学习建立了联系,就如当学生理解掌握了"日""月"二字后,再去识"明"字就容易多了。王筠的这种识字教学法其实就是教象形和指事字时,应借助与它相切合的实物来讲;教合体字时应先易后难;讲解字义时,应在本义容易明白的条件下讲解本义,遇到不太容易理解的字时可以用常用义来讲。

王筠教识字的方法很合理,也都是以学生为出发点的。他主张在语文教学早期以识字教学为第一,这是传承了古代的教学思路,但也可以看到他的不同之处:注重指事、象形、会意三种字的构形分析、构意说解,重视汉字构形规律在识字教学中的运用。他在这方面也有专门的论述,这样能让儿童更好、更容易地掌握这些汉字,满足他们更大量的识字需求。在王筠看来,只要掌握了象形字、指事字和会意字,也就解决了识字问题。

识字教学只有根据汉字的结构规律执简御繁,才能有效地提高识字效率。今天的一些教学者提出的识字教学法,无论是"基本字带字""部件识字""字理识字"等,可以说都与王筠的识字教学理念是一脉相承的。他们都意识到通过揭示汉字规律性的东西来教学,可以提高识字教学的效率和质量。

王筠的识字教学理念,不仅提出了教学生识字的途径,还阐述了正确讲解汉字和传授正确的汉字观念这一教学目标,同时也有助于学生比较、类推识字能力的锻炼与培养。王筠还根据汉字的造字规律,建议运用正篆相互对照的方法,也就是《教童子法》中说到的"识字必裁方寸纸,依正体书之,背面写篆独体字,非篆不可识,合体则可略"。这种篆体字一般要求是独体字,而合体则可略。值得关注的是,王筠所说的识字,不单单指简单的认读,还有对字形的识记和字义的理解,而且这种识字方法能促进学生识字能力的形成,可以让学习者达到自己识字的效果,能有效地促进他们归纳演绎、观察分析、独立思考等多方面能力的发展,提高独立解决问题的能力。这种识字方法不管是对当今的小学识字教学,还是中学的文言文教学甚至大学的古汉语教学,都具有很重要的积极的意义。

汉字可以传承并发展中国文化,没有汉字,中国文化也就会失去它的根本。汉字同中国古代的四大发明一起,为中国以及世界文明的发展与进步做出了很大的贡献,探讨识字教学必将是一个长久不衰的课题。

审视王筠的这种识字教学思想,不管是理论层面上的阐述,还是他多年的教育实践经验,在一定程度上都反映了他对儿童身心发展规律的直观理解,他以"人本"的语文教学观为立足点,有机地将识字教学与培养人结合起来,从而使识字教学的人文教育功能更加丰富,对中国传统的学前教育理论的发展产生了很重要的影响。

第三节　逐字解之，令其自解

古人在教书识字时，主要是要求儿童能认识字，会读书就算是达到学习要求了，并不要求理解那么多。老师在教的时候，也只是大概讲解一下就完了，学生是否理解所学内容，老师并不关注，在考查的时候只要会背就行。更有甚者，老师就根本不讲，只让孩子死读硬背。

明清时期蒙学的教学沿袭了这种传统的教学方法，即只重注入，不重启发；重视死记硬背和机械式的训练，不关注学生是否理解和感兴趣。古人之所以非常注重背诵，强调背书，并不是说书文的内容有多么重要，而是他们把背诵看作是一种重要的教学手段。他们认为，只有通过背诵，学生才能记忆深刻、精熟不忘。

王筠摒弃了这种传统的教学观念，对小学识字教学有自己的观点，并渗透到了具体的识字教学实践中来，他对识字教学的认识和看法并没有简单地停留在对汉字教学的理论认识上。"学生是人，不是猪狗；人皆寻乐，谁肯寻苦？"王筠正是持着这种教学哲学观，在对儿童识字教学的亲身实践中，总结出了很多卓有成效的教学经验，对于识字教学具有深远的积极影响。

在识字教学中，王筠分识字与解字两个阶段来进行。在识字教学初期，由于儿童理解、分析能力相对较弱，就把识字重点放在认读上，可以先不求理解；如果理解力比较强，教师可以把识字、解字两个阶段结合起来进行教学。识解相结合的识字教学法可以有效地提高儿童理解力，随着识字量的逐渐增加，儿童的理解力增强，对汉字的感性认识也逐渐深刻、丰富起来，这时候教师就可以转换教法，注重点拨和字义的讲解，同时要注意先易后难，当然必须要考虑到儿童的理解水平，注重学习的效果。

首先，学习"象形指事"之字，用实物解释所学之字，使学生看得见，在讲解时务必符合儿童的年龄认知特点与心理。经过教师的讲解,儿童对汉字的某些规律也就有了模糊的体会和认识,就会加深理解,对字的认识也就比较深刻。在讲解时,王筠主张教师没有必要尽说正义,只要学生能一般地理解和掌握字义就行了。如果学生理解力比较强,就可以随学随讲;如果学生理解力比较差,教师应等学生学得千余字后再进行讲解,学到两千字后再进行读书教学。

在以识字为主的初级阶段,教师可以降低对了解内容的要求。但是,如果儿童对大部分读的东西都不理解,那也是万万不可以的。总而言之,学生识字时也要结合字义。学生理解了字义,对所识字的识记就更深刻,不易遗忘,同时也为以后学习和掌握其他知识打下很好的基础,对理解力的提高有很大的帮助。王筠对识字教学的观点和认识,可以说在考虑到了儿童的心理年龄特征、智力发展的同时,也注重了儿童学习能力的培养,打破了传统的死记硬背的学习模式,贯彻了因材施教这一教学原则。

王筠说:"纯体字既识,乃教以合体字。"这种方法的运用就是因为汉字具备象形、指事、会意、形声的构字规律,把所识的字分为纯体字和合体字两大类,可以提高儿童的识字效率,这是分类识字法。

王筠还说:"识字必裁方寸纸,依正体书之,背面写篆独体字,非篆不可识,合体则可略。"也就是《教童子法》中所说的"既背一授,即识此一授之字,三授皆然。合读三授,又总识之。三日温书,亦仿此法。勿惮烦,积至五十字作一包。头一遍温,仍仿此法。可以无不识者矣,即逐字解之。解至三遍,可以无不解者矣,而后令其自解。每日一包"。这种是卡片识字法,就是以一页方寸大小的字片作为识字教材,以《说文》的正体字来练习,把字分别写在卡片上,即在卡片正面写正体字,反面写篆体字,学习楷书与学习篆书同步进行。而且所写的字大多是独体字,合体字略去不写。教师要一个字一个字地进行讲解,并要求学生掌握,每天识记一个字,到第三天再把前两天所学的字放到一起进行温习。这样依此类推,每天把新学的字和以前学习过的字进行累积学习,五十字作为"一包"。在学习第二包的字时,顺便复习第一包。长期下去,学生每天学习一个生字后再复习以前的一包,识字量就会逐步增加。这种识字方法重复较多,逐渐累积,所以效率很高。初期教师详细讲解,让学生理解并识记下来,待其彻底了解正义后,方才解释引申或假借的意思,等到学生掌握这种方法后,再让学生自解,每天解五十个字,并要坚持不断温习。如此下去,学生定能够积少成多,于所识之字解到茁实,体会理解字理、字义。

卡片识字法可以说是一种非常实用而且效率很高的识字方法,具有一定的规律性。让学生把学过的东西定期复习、反复再现,可以更好地记忆。利用卡片法循环记忆,更易于学生积累。而且这种使用卡片的识字方法,也比较符合学生好奇的天性。儿童爱玩,对事物充满好奇心,利用卡片识字避免了传统识字的僵硬和呆板的现象,犹如和儿童做游戏,儿童可以在游戏的乐趣中学习识字,日积月累,识字量逐渐增加,这也体现了王筠以人为本的教育思想。由此也可以认识到教师在这种识字过程中具有很强的指导作用,教师不能忽视对字义的讲解,务必达到让学生能熟谙每一个字,等学生学会了这种识字方法,教师方可放手让学生去"自解""横解"。这是一种较为实用的识字方法。

王筠在提出识字方法时,还为我们推荐了独具特色的解字方法。其一就是逐字讲解法,即对单个字进行讲解的方法。在《教童子法》中,他说:"然所识之二千字……若尚未解,或并未曾讲,只可逐字讲之。""此无上下文,必须逐字解则茁实。"这是一种在脱离上下文的情况下进行讲解的方法。这种教学方法摒弃了传统识字教学中的只要求记诵,不进行讲解的教法。

逐字讲解法是比较惯用的让儿童了解字义的一种方法。王筠指出,经过不断的学习,学生的识字量有了一定的积累,同时理解能力也逐步提高,对字义的理解也会逐步加深,有利于学生很容易地进入独立阅读阶段,并在作文时能够锤炼字句、逐字嚼出汁浆,使行文精练、畅达,可见逐字讲解法的重要性。其教学步骤是:先由教师"逐字解之",再令学生"自解",最后,通过"横解"让学生掌握字词在不同句子中的不同解释。

王筠认为:"能识二千字,乃可读书,读亦必讲。然所识之二千字,前已能解,则此时合为一句讲之;若尚未解,或并未曾讲,只可逐字讲之。""此无上下文,必须逐字解则苗实,异日作文,必能逐字嚼出汁浆,不至滑过。"意思是说在没有上下文时,我们就应采用逐字讲解法来进行识字教学。这种方法相对来说识字强度比较高,识字量也比较大,在短时间内学生就可以掌握大量的汉字,有很明显的教学效果。通过这种方法,儿童可以从整体上把握汉字的特征,系统地了解汉字的结构,也为儿童以后的阅读、写作等打下牢固的基础。

当然,每种教学方法都不是完美的,逐字讲解法也不例外,由于整体识字法具有相对较高的强度,趣味性低,对于低学龄儿童来说,学习起来有一定的难度。作为语文教师,就需要在识字教学时尽量发现并掌握其中的规律,利用图解、演示等方法来增加识字学习的趣味性,提高学生的兴趣,使学生能轻松愉快地理解与学习。

第二种解字法就是"联想",即《教童子法》中提到的"横解"。逐字解法是在无上下文的情况下对单个字孤立地、单纯地讲解,而"横解"法则相反,它相对于逐字讲解法又前进了一步。

在传统的识字教学中,通常是将汉字放在文章中或者句子中来认读,给汉字提供了一个环境,而且开始时不要求学生全部理解认读的字词,只要能认识就算是达到学习的要求。这种教学方法也有其合理的地方。因为识字不能是孤立地一个个记字形,这样的方法只能靠学生死记硬背,会让学生感到单调乏味,必定会加大学习识字的难度和负担,而且效率也不高,应将字和它代表的词的音义联系起来,并且要了解它所适用的具体语言环境。所以,教学生识字也要给学生提供一定的语言环境,以文句作为依托,这样有助于学生识别、记忆汉字,同时也可以自然而然地把识字和阅读这两个环节联系起来。

对于整个识字教学过程而言,传统的教学方法所注重的能够认读记诵和王筠所主张的讲解字理、总结规律都不可或缺,同样重要。否则学生会感到枯燥无味,容易遗忘。"横解",可以使机械识记变为意义识记,提高识记效率。但每种方法的选择和应用对于不同年龄阶段的儿童,则要有不同的侧重点,在不同的阶段要运用不一样的教学方法和手段,不同方法的运用在时间早晚和比例搭配上都应慎重考虑,以适合于不同年龄阶段的儿童的语言、思维水平。针对这种认识,很显然,王筠是有一定的超前意识的。

王筠在《教童子法》中写道:"既能解,则为之横解:同此一字,在某句作何解,在某句又作何解,或引伸,或假借,使之分别划然,即使之展转流通也。"他强调的是同一个字在不同语境中的不同用法,对于一字多义的汉字比较适合这种方法。另外,学生通过学习可以掌握同一个字在不同语境中的意义、差别,有助于灵活运用汉字。这就需要在具体的语句中理解字义,弄明白是引申还是假借,做到"横解",才能真正对所识的字"分别划然",才能达到用字时辗转流通、游刃有余的效果。如果学生能掌握一个字的意思,教师就可以引导他在具体的语境中去灵活应用,这种教学方法可以帮助学生举一反三,有助于学生发散思维的培养。

从逐字解法到"横解"法,学生对字的学习又得到了进一步加深,为从字到句子的学习准备了很好的过渡条件。在王筠看来,只有学生既能够做到"横解",而且会"属对",能读书、作文,才算完成字的教学任务。如果对字的含义理解不够深入,在用字时难免会错用和乱用,在作文时怎么能写出好的文章来呢?

王筠关于识字教学的主张和见解,可以说是贯穿整个读写教学之中的,具有全面性、系统性,符合汉字的教学规律以及教育科学的原理。这种教育主张在当前看来确实具有前瞻性和进步意义。当学生对某个字最常用的意思熟练掌握后,就需要在具体的语境中灵活运用,掌握词语的不同用法。总的来看,王筠的这种识字方法,不仅能高效地教儿童认字,而且还能培养识字能力,这种能力的形成不仅能够让学习者达到个教而终身识字的效果,而且还有助于他们观察能力、分析能力、解决问题的能力等多方面能力的发展。

王筠对识字教学的主张,更看重的是能力的培养。他在所著的《文字蒙求》中写道:"人之不识字也,病在不能分,苟能分一字为数字,则点画必不可以增减,且易记而难忘矣。"学生对字的理解,可以很好地变被动学习为主动学习,大大提高识字效率。

最后一种解字法就是合解法。这种方法主要是训练学生在认真学习掌握了每个字的不同用法之后,从诸多含义和用法中选择出只适合于某个句子的含义和用法,这种方法的综合性比较强。他说:"所识之二千字,前已能解,则此时合为一句讲之。"这对学生的字词掌握能力有很高的要求,需要学生能深入透彻地理解和掌握每个字的用法和含义。有时,尽管学生都能认识和理解每个字,可是放在具体的句子中时,则需要把句子作为完整意义来掌握,还要对字词在其特殊环境中的用法进行比较、掂量,这种方法较之前两种可以说又有了一定的难度。合解法使学生从对字的学习很容易转入句子的学习,促进学生进入阅读的初始阶段,为学生从集中识字阶段向阅读阶段的过渡提供了必要条件。

总之,各种识字方法各有特点,在教学时要结合实际,综合运用多种方法,避免教学的片面性和单一性。回到今天,看看一些教学者所提倡的如"部件识字""字理识字"等诸多识字教学法,和王筠的识字教学思路是一脉相承、融会贯通的,他们也都意识到了通过揭示汉字的规律性,可以提高识字教学的效率和质量。所以说王筠对识字教学提出的主张和见解,为当今的教育提供了很有价值的借鉴。

王筠生活的时代大肆推行科举考试,通过科举考试选拔人才,而不注重真才实学,许多王筠认为是"庸师""无知之师"的教育者进行语文教学只会受科举考试的左右来安排教学内容,教育者和被教育者都急功近利。教育者不考虑学生的特点和感受,在教学中命令学生死记硬背、强行灌输,不注重讲解。王筠在这种教育中深受其害,对这种教学方法非常不满。他认为这种教学方法不但影响教学效果,还摧残人才,影响人的发展,后果是十分严重的。

幼年时的王筠在求学期间也正因为苦于得不到良师的指点,他的脑子里总是被各种问题、疑惑困扰着,但却不敢问老师。在10岁那年,王筠有幸遇到了改变他一生的老师王惺斋。正是有了这位良师的指导,那一年成了王筠学习上的一个重要转折点。

王筠的这位新来的老师不像其他老师那样,而是"事事皆讲",这就使得王筠先前的疑问一一解开。之前,王筠读"四书"时,他不明白《大学章句》《论语集註》

的题目,为什么这个用"章句",而那个又用"集註"?后来经他的老师王惺斋讲解后才明白:原来章句是分析古书章节句读的意思,《大学》与《中庸》是朱熹从《礼记》中选出,自己进行注解诠释的,所以称为章句;《论语》与《孟子》是朱熹汇辑综合了诸家的注解,所以称为集註,"註"是"注"的古异体字。[1]这位恩师的悉心点拨和耐心教导,为王筠开启了通向学问的一扇窗户,从此王筠学业大进。也正因为得之于这位恩师的悉心教导和父亲的教诲,王筠博览群书,孜孜以求,以古代圣贤为榜样,诵诗则取李白、杜甫、王维、孟浩然的作品,学文则以秦汉唐宋大家的经典为范本。

王筠15岁那年,随着远赴潜山任知县的父亲王驭超到了安徽。父亲对王筠在学习上要求很严格,先后聘请了孙药亭、方东树等老师来为他讲授。孙药亭善于辞章讲学。王筠与这位老师交流探讨,多有唱和。正是这些老师在学问方面给了王筠莫大的帮助。可见,教师自身能力和素质也是影响学生学习效果的重要因素。在探讨和研究教学内容和教学对象的同时,我们也更应重视教师自身素质的提高,这是识字教育能够长足发展的必要前提和保障。

王筠能够针对蒙学的识字教学提出与众不同的见解,还有一个原因就是他长期致力于说文研究。说文中讲本字、本义,注意到了识字既要识字形,也要识字义。他采撷说文大家的观点,识别正误、删繁举要、贯穿通达,通过理解,提出自己的看法。从王筠著的《说文释例》《说文句读》等著作中也可以看出,他对文字的认识与研究是有一定的深度的,这些著作直到现在仍具有开拓性及指导意义。这些成就的取得也与王筠多次的求学经历有密不可分的关系。

在后来从父游学期间,王筠结交了很多南方文士,总是与他们探讨、交流与学习,这一求学经历为他后来从事《说文》研究打下了最初的基础。在嘉庆二十一年(1816),32岁的王筠为了养家糊口维持生计,游学于京师,开始了边设馆授徒边治学的生活。这期间,王筠也不忘经常与结交的文人学士、学问家探讨文

---

[1] 李之凡、李继强:《读书痴迷,被人戏称木头子》,《潍坊晚报》2013年3月18日,第B02版。

字,交流学术,这促使他在《说文》的研究上取得了很大的成就。

在王筠之前,东汉许慎的《说文解字》已经对文字的小篆形体结构进行了研究,清代段玉裁、桂馥等也都对此提出了自己的见解,而王筠的著作却跟他们有很多不同之处,他不依于旁人而独辟蹊径。那么,王筠的说文研究究竟有什么样的特色和亮点呢?据分析,他对许慎这9 353个汉字的研究,采取的方式和途径是不一样的。他的《说文释例》主要是研究汉字的构造方式,在研究中打破了据形联系的方式,而是根据六书的体例来编排其中的汉字,他的"六书之说"在当时的文字学界也是相当轰动的。

另外,王筠在所交往的文人雅士中,也有朝鲜朋友。他曾经常与当时的朝鲜王朝副使申在植会晤、旅游和诗词应答,在探讨有关小篆篆体文字演变、金史文字时,总是有很多自己的主张和见解。王筠还曾与当时的朝鲜大儒金善臣书面进行了褒贬郑康成的友好的辩论。但对于显贵之门,虽然近在咫尺,却敬而远之,"官至三品,即不上交"。也治《说文》的祁俊藻相国,很想和他见见面,将自刻的《说文系传》送他,他也不往致谢。后来考虑到四弟王范中进士,祁俊藻还是副主考,不久祁送来了请柬,再不去怕人说"以贫贱骄人",始登祁门。在为数不多的祁府聚会中,内阁学士翁心存诋毁许氏,王筠起而论争。因座客多附和翁氏,他当即告辞。祁相国追上他,拉住他的衣裳,他竟绝裾而走,祁竟失手扑倒在地,京城传为笑谈。①

后来,王筠在山西做官。在这期间,王筠除了两次担任乡试同考官之外,还"从梁中丞阅兵临汾"。每一次,王筠都没有忘记去拜访当地的学者,与他们交流和学习。

在山西为政的十年间,王筠在忙于政务的同时,依然坚持学习,笔耕不辍,也从未间断通过书信与京城故友谈学问。他耗费了大量的精力,校勘并整理自己的学术成果,著述颇丰。由于长期劳顿,眼部疾病复发,曾有一段时间,王筠"不能读书,终日兀坐"。不论走到哪儿,他都善于结交志同道合的朋友。在山西做官

---

① 张在湘、蔡万江:《潍坊文化通鉴》,济南:山东友谊出版社,1992年版,第588页。

期间,曾有很多的学者、知名人士前来拜访,从师求学者很多,王筠一时声名大振,被誉为华北"儒学之冠""当代儒宗"。

传统识字教育应成为文化启蒙的一项重要内容。然而,事实并非如此,传统的识字教育大多是把汉字作为一种记录工具、一种文化的载体,将天文地理、社会历史、文学音乐、道德人伦等文化内容通过文字的传达强行灌输给儿童,至于汉字本身所具有的文化内涵、思想意义,并没有得到应有的重视。文字不但是文化的一种承载体,能反映所记录的文化,而且其本身也是一种文化现象。汉字多属于表意文字,历经千年,积淀了丰厚的文化信息,蕴含了丰富的内涵和意义,所以说正确地认识汉字、学习汉字无疑是学习和理解中华民族文化必不可少的重要内容之一。教师正确地讲解汉字、传授汉字观念是至关重要的。

第四节 须说入童子之耳

在大多数人看来，识字只是一种手段，一种工具而已，其本身并不是目的，只不过是为了读书、写作。但是，如果我们读过王筠的文章后，就会发现我们这种认识的偏见性，对识字教学就会有新的看法和认识。解读王筠编写的识字教学著作，不难看出他对识字教学本身有着更为独特的理解与认识。

王筠认为，识字教学有其自身独立的语文教育意义。文字以以人为本为思想，并不是只由几个简单的笔画组合而成的，笔画组合的"形"后还蕴含着丰富的"事"，即每个汉字本身都含有一定的意义和丰富的思想。王筠曾在《说文释例》序中这样指出："夫文字之奥，无过形、音、义三端，而古人之造字也，正名百物，以义为本，而音从之，于是乎有形……六书以指事、象形为首，而文字之枢机，即在乎此。"那么，何为王筠所说的汉字教学的枢机呢？

汉字属于表意文字，而其表意性又是以象形为基础的。王筠认为"六书"中的文字主要是指事、象形，这就是文字的枢机所在，也是识字教学需首要关注的方面。因为汉字蕴含着丰富多彩的世界和无穷的奥秘，所以在王筠看来，语文教师只有认识到这一点，才能更好地引导学生进入丰富多彩的文字世界。当然，这并不是在童蒙阶段仅靠识字教学就能达到的，而需贯穿整个语文学习中。教师在识字教学早期就需要对学生渗透这一思想意识，而且在教学中不能忽略学生的学习程度和接受能力。

王筠在《教童子法》中也讲到在识字教学阶段"须先易讲者，而后及难讲者。讲又不必尽说正义，但须说入童子之耳，不可出之我口，便算了事"。教师对儿童讲授的过程中，要注意"须说入童子之耳"这一方面，意思是说教师讲解是必须的、应该的，但解说时要体现以人为本的思想，应考虑到儿童的特点与学习水平，要让儿童听得懂，能够理解教师所讲的内容，最终学有所得、学有所获；而

"不可出之我口，便算了事"。只把内容讲完就自认为完成了教学任务，这种只管教不管会的行为是教师的失职。

王筠在讲解识字，分析讲解字形、字义时，虽然是以《说文解字》作为依据，但却是有选择地讲解，根据学生的年龄特点和理解能力，删去超出儿童理解范围的内容，增加能够激发儿童兴趣、适合他们接受的内容。另外，选择《说文解字》为背景也是为了培养初学汉字的儿童形成正确的汉字观，把握汉字的规律和特点。如"火"字，王筠讲火之形，上锐而下阔，其点则火星迸出者也。(《说文解字》："火，燬也，南方之行，炎而上，象形。")

"须说入童子之耳"意即教师要注重讲解，不但要说入童子之耳，还应说入童子之心，只有真正地让学生用心学习领会，才能真正地让学生学有所获。但王筠认为讲解时教师也应当给学生留有适当的思考空间，而不是讲得完全透彻明白。他批判那些"出之我口，便算了事"的教学行为，同时也极力反对要求学生一味背书，不去思考的做法。这些都是不合理的、不当的教学，老师再费劲地教，学生再努力地学，都是无济于事的。从这点来看，王筠对识字教学的认识和看法其实是对大教育家孔子"学而不思则罔，思而不学则殆"这一教学思想的继承。王筠也非常重视让学生思考，他认为教师应注重学生思维能力的培养，通过教师的部分讲解和学生的思考完成知识的领会和学习，并注重在讲的过程中激发学生的学习兴趣，这样学生才乐意学、主动学，教师也能较容易地达到教学目的。这方面，知名教育研究机构玉成书院周毅博士提出的"爱心＋兴趣＋方法"的教学理念与王筠的主张可谓跨越时代的默契。

说到识字的讲解，除了王筠的《教童子法》里的分包识字法、卡片识字法等，一些教师所采用的识字方法与王筠的识字法异曲同工，都是以儿童兴趣为出发点，达到学生识记、掌握、理解汉字的目的。这是对王筠识字教学思想的继承与发展，新课标也对识字教学做出了具体的要求。即识字教学要注意儿童特点，将学生熟悉的语言要素作为重要材料，联系学生的生活经验，指导他们利用各种机会自主识字，力求识用结合；要利用多种识字教学方法和形象直观的教学手段，创设丰富多样的教学情境，提高识字效率。由此看来，王筠的识字教学思想是具有一定的前瞻性的。

王筠作品中的教育思想

教师在识字教学中,需要以学生自身为出发点,要尽量注意把汉字规律教给学生,同时也需注意到学生的认知规律和思维特点。如果忽略了学生在学习过程当中的主动性和积极性,把学生看成被动的接受者,便不能收到良好的学习效果。

历来的许多教学实践已证明:保持适当学习难度的、具有一定趣味性的学习,才有助于儿童学习的主动性和积极性的调动和提高。儿童的学习是由不知到已知,由知之不多到知之较多的过程,是通过教师的指导和学生自身的不断努力达到学习目标的过程。如果不考虑儿童的接受能力,不考虑儿童的学习兴趣,只一味地让学生死记硬背,不注重讲解,不能融入学生的心灵,就无法很好地达到教学目的,即使做了很多辛苦的工作,也都是无用功,因为学生学习的目的没有达到。

教学思想正确固然重要,但适合的教学方法也同样重要。况且识字本身是比较枯燥的,如果单从一个个字来看,就是一个个的字符,如果以字符的形式教学生认读,学生定会感到枯燥厌倦。另外,这部分知识是学生学习语文课程的初始阶段。如果在这个阶段没有开好头,久而久之,恐怕提及语文这门课程学生也会谈虎色变。讲解"须说入童子之耳",怎么才能让儿童理解和明白所讲的内容,这就需要教师在讲解中注重教学策略、讲究教学方法了。

今天一些教育学者提倡的识字教学法,如基本字带字、部件识字、字理识字等,和王筠的识字教学思路可以说是一脉相承的。尤其字理识字这种教学方法,其实与常规的教学程序没有太大区别,主要的不同是字理识字教学偏重于解析字理。字理解析就是教师通过语言、图画、体态语等引导学生去观察、联想,按生字和课型的实际灵活运用归类、循环、听读、猜认、基本字带字等多种教学方法引导学生识字。但不管运用哪种方法,都要突出字理,以有助于学生进行形象意义的识记。这种识字教学方法可以通过教师的灵活运用,达到"说入童子之耳"的目的。依据汉字的特点、结构以及实际教学的需要,字理识字教学通常可以运用诸如图示法、描述法、联想法、故事法等教学方法。

图示法,是利用直观的图画将汉字的意义表示出来。描述法,是运用精练的语言阐明汉字的结构,这种方法一般比较适合会意字和形声字的教学。王筠在《文字蒙求》中对儿童所需学习掌握的两千多个常用字就是按照象形、指事、会意、形声分卷编排的,对教师指导学生识字有很大的指导和借鉴价值,能让学生深刻领会汉字组构的意图,但这种方法需要教师在讲解过程中注意语言的运用。再有联想法,这种方法是教师在解析字理时引导学生进行合理的想象,帮助学生理解汉字的形、义、音。联想可以大大调动学生创造记忆方法的积极性。最为吸引学生的另一种教学法就是故事法。大人爱听故事,小孩子更是如此。运用讲解故事来阐明字理的方法,更能让儿童专注学习,这是各类学习者喜闻乐见的方法。识字阶段的学生正处于对故事感兴趣的年龄阶段,教师通过故事的讲解来教学生识字,可以有效地提高学生的学习兴趣。此外还有比较法、猜谜语法等,都是通过在识字教学过程中的讲解来让儿童达到识字目的的。

其实,教学方法是多样化的。由于教学内容的不同、课型的不同、教师的不同以及教育对象的不同等多种因素,教学方法也就多种多样。大部分的字还是有"理"可讲的,所以就需要教师在教学中灵活地采用多种方法,避免单一性和片面性,突出识字的理据,增强学习的趣味性,这样才能更好地做到"说入童子之耳",也才能切实有效地提高识字教学质量。

综上所述,王筠对识字教学的论述,虽然是受当时科举考试弊端的影响而萌发,但是并没有将过多的注意力和矛头指向对科举制本身的批判上,而是指向了当时的庸师。王筠认为,要想改变教育的现状,教育者的自我觉醒是关键因素。他在《教童子法》一书中通过阐述识字的教育理念和教学方法上的探索,旨在唤醒更多教育者的自我反思意识,更好地促进教育的发展。王筠的这些教育理念虽然受到当时社会状况的局限而没能实现,在实践上没有得到应有的重视和广泛的关注,但并不影响它的价值。不管是在当时抑或是现在,都具有一定的革新、启蒙意义和借鉴价值。

第二章

被注意的写字教学

《文字蒙求》（局部）

王筠作品中的教育思想

汉字是我们中华民族的瑰宝,它的发明是中华民族对人类文明所做的重要贡献之一,同时也是独树一帜的东方文化的杰作之一。学习写字是以形象思维为主的认识活动,汉字的每一笔、每一画都深具美感,有着无穷的魅力。简简单单的几种笔画,可以组成融音、形、义为一体的千变万化的、生动形象的文字,所以美感在写字教学中起着重要的作用。我国的写字教学历史久远,在长期的书写和教学实践中,古人积累了丰富的写字教学的经验,并经过世代的继承与发展,形成了传统的学字理论。这些理论经验中有些反映了写字教学的客观规律,为我们确认写字教学原则提供了理论依据,对于当前写字教学依然具有重要的借鉴意义。

第二章 被注意的写字教学

第一节 学字亦不可早

我国的写字教学方法继承性很强,现在的写字教学方法有很多都是从古代教学方法中发展而来的。因此,现阶段写字教学的发展应建立在对我国历代写字教学发展的研究基础之上。我国古代蒙学教育中的写字教育一般包括执笔、运笔、汉字结构以及字外功夫的教育等,这与古人把写字分成摹、临、写三个阶段的理念是一致的,均遵循了由易到难的循序渐进的写字教育原则。写字教学之所以遵循这个原则,并且认为孩童学字不宜过早,一是由于孩童独特的生理及心理特征;二是由于古代的写字几乎相当于是一种书法艺术的训练,其规则与要求要比现在简单的写字训练复杂得多。另外,我国古代汉字的书写工具也极其复杂。

纵观我国历代的语文教育发展史,我们可以发现,在隋唐以前,并没有专门的写字教材,写字教学与识字教学是融为一体的,使用的是同一教材,教学也几乎是同步的,例如,《急就篇》《千字文》等均是集识字、写字为一体的。隋唐时期,出现了专门供孩童习字用的教材。这一时期,蒙学教育开始注意孩童的心理发展特征,虽然并没有明确提出识字教学与写字教学应该分开进行,但是开始意识到识字教学与写字教学的步调不应完全一致,孩童在习字开始不宜学太难的字,否则容易打消学生学习博大精深的中华汉字的兴趣。宋代虽然对写字教学的方法和原则方面都有明确规定,但是对孩童在学习写字时的生理及心理发展特征的关注还远远不够,没有建立起比较完备的适合学童的写字教学的原则和理念。直至明清时期,才出现了独立于识字教材之外的比较完整的习字教材。这一时期写字教学的规范发展很大程度上得益于科举制度的盛行。由于科举制度对考生书法的严格要求,所以,蒙学教育中蒙师对学生习字方面的训练要求就比较严格。明清时期的蒙学教育将识字与写字分开进行,平行组织教学。这一时期著名的蒙学教

王筠作品中的教育思想

育家王筠在写字教学方面便主张要符合孩童的生理及心理发展特点,写字教学不宜过早,这一教育思想既符合幼儿生理、心理发展特点,同时也符合汉字的书写规律,一定程度上促进了写字教学的发展,对我国现代的写字教学具有重要的借鉴意义。

王筠认为"学字亦不可早,小儿手小骨弱,难教以拨镫法,八九岁不晚"。这句话的意思是说小孩儿不宜太早学习写字,因为幼儿手小骨弱,如果太早写字,担心其手部发育不好,且很难教给孩子正确的拿笔手法,到八九岁时再学习写字也不迟。从中我们可以看出,王筠当时已经意识到蒙学教育要依据儿童的发展规律进行,尤其提倡语文教学中的写字教育要适应孩童的生理以及心理的发展特点。写字教学的主体是人,充分关注蒙童的生理因素是顺利开展蒙学教育的前提。过早对幼儿进行写字教育,教其学习写字,不利于他们的健康成长。

首先,过早习字容易造成蒙童的指骨畸形。孩子的手通常要到七八岁才能基本发育成熟,所以六岁之前,在手的运动感觉方面,幼儿的手部关节骨化过程没有完成,骨骼肌肉也远远没有达到成熟程度。这一阶段孩子的手部肌肉力量比较弱,对于写字这种需要持久用力的动作,孩童在很大程度上是无法胜任的。写字需要指骨、指关节等部位协调完成抓握笔、控制笔运动等极其精细的手部动作。同时由于汉字结构的特殊性,在写字的过程中需要对文字进行有意观察、分析等,将文字的结构与笔画进行分解再综合,这一过程需要大脑将信息和指令传送到手,再在手、脑、眼的协同作用下,完成写字这一复杂过程。但是幼儿的思维分析能力还不够完善,手部肌肉发展比较晚,其手部精细动作比较笨拙,各部位很难协调。写字对于蒙童来说几乎成了一种体力活动,他们必须比较用力才能握笔,有些孩子甚至需要全手握笔,加之蒙童的耐力和肌肉力量都比较差,骨骼也非常柔软,长时间的写字活动很容易造成幼儿的身心疲劳以及指骨的畸形。[①]且古代的常用笔是毛笔,毛笔对于手的力度与稳定度要求都比较高,对于手部未发育成熟的蒙童来说是极具挑战性的,他们被迫拿起笔时,往往把手握成拳头状,这样长期下来对于幼儿的手部发育以及正确写字姿势的形成都会产生一定的消极作用。

---

① 姚林林、袁爱玲:《逼幼儿过早写字的弊端》,《教育导刊》2004年第8期。

明清时期的蒙学教育十分重视孩童的写字训练，这在很大程度上与当时的科举制度盛行有关。科举考试对于考生书写的要求使得写字教学成为蒙学中的专门课程，儿童入学后，几乎每天都有毛笔字课，以学习写字的技巧并养成习惯。虽然这一时期王筠提出了"学字亦不可早"的鲜明的写字教学的观点，但是在注重孩童生理及心理方面，迫于科举取士的发展趋势，并未得到应有的重视。

其次，过早习字妨碍儿童脊柱的正常发育。幼儿脊柱生理弯曲尚未形成，骨化过程还未完成，处于骨骼的钙化和肌肉力量发育过程中的孩童骨骼极易变形，所以写字过早或时间过长对于年幼的学童来说都是一种挑战。正确的写字姿势对于孩童的生长发育及形体美非常重要。幼儿写字时握笔的手指因为离笔尖太近，写字较为费力，手非常容易疲劳，这样他们很难长时间保持正确的坐姿，容易形成弓背、弓腰或扭坐等不良的坐姿，这对于幼儿的脊柱及骨骼的正常发育均会产生不良的影响。由于蒙童的生理发育还尚未完善，其手、眼、脑的协调能力还比较差，所以过早地要求他们掌握正确的写字姿势是很困难的。他们写字时，为了能看到笔尖的运动，便侧着脑袋、歪斜着身子，这样不正确的写字姿势容易引起幼儿的脊柱发育异常，如果不及时纠正，脊柱畸形一旦形成，就很难矫正了。但是我国古代对于幼儿生理、心理发展的研究还比较少，蒙学教育也只是遵循社会发展的大趋势和科举考试的要求，所以，幼儿过早习字以及长时间练字的情况普遍存在。

王筠《教童子法》中"学字亦不可早，小儿手小骨弱"这一以人为本教育理念的提出，在当时科举制度盛行的情况下，对于改善蒙学教育过于遵从科举考试模式，忽略学童本身生理发展的状况有一定的积极作用。王筠认为"学生是人，不是猪狗"，蒙学教育应遵循孩童特殊的发展规律，所以写字教学不应过早，习字七八岁亦不晚。这一写字教学思想对于现代的写字教学同样具有极其重要的借鉴意义，值得教师与家长对幼儿的习字问题进行反思。

再次，过早习字容易引起幼儿近视。对于幼儿来说，在6岁之前，他们的视力都比较弱，未发育完全，眼睛的视神经焦距还不能集中，直到6岁才能基本达到成人的视力水平。还处于视力的发育期的幼儿，不适宜长时间进行像写字、画画这样精细的活动，尤其是在光线不足或者光线太强的环境中。受生理因素的影响，幼儿在写字时不得不将手握成拳头状，指尖朝内握着笔尖部分，这一手势便遮挡了孩子的视线,他们便会斜着身子,将头降低以便能够看清字体,久而久之,就极其容易引起近视。①

另一方面,幼儿身体的各部分机能发育还不健全,眼、脑、手的协调程度还较低,在写字时必须紧紧盯着笔尖,所以如果长时间写字他们便会感到眼睛发涩与疲劳,如果不注意控制用眼度,极易引起近视。虽然在当时,人们对于儿童视力发育还没有深入的认识和研究,但是王筠在《教童子法》中所提出的"学字亦不可早",一定程度上对于幼儿的视力发育可以起到保护作用,为当今写字教学注重孩童生理特点奠定了良好的基础。

王筠在《教童子法》中所提倡的"学字亦不可早"一方面是基于对孩童生理因素的考虑,另一方面则是考虑到蒙童的心理发展的需要。过早写字对于幼儿的创造性发展、全面性发展以及写字兴趣、效率都有着不良的影响。

首先,过早写字不利于幼儿创造性的发挥。创造力是一个孩子能力与智力的标志,也是孩童成才的重要因素,所以蒙学教育最重要的目标之一便是促进孩童创造力的发展。创造力是一种素质,它不只属于有成就的人,每个人都不同程度地具有一定的创造能力,只是表现的方式不同而已。幼儿时期是儿童创造力的萌芽时期,其思维与想象能力非常活跃,思路也极其广阔,因此,对于幼儿创造性的培养应贯穿在幼儿教育的各个方面。

写字训练不同于绘画,孩子在绘画时可以不完全受客观事物的限制,他们可以充分发挥想象力与创造力,可以自由地描绘出自己的感受,而不是复制所要画的内容。这个过程中,孩子会自然而然地在观察、记忆、分析、理解和再现中加入自己的想象,是培养创造力最好的锻炼。但是写字训练却是一种简单的机械模仿的过程,它要求幼儿必须完全按照每个字的形状与规定的笔顺写出,不允许随意改动与自由发挥,否则便是错误的。在这样的写字教学中,各种明确的对错分界与硬性规定对于幼儿多方面能力的发展和经验的积累,以及幼儿创造性思维的发展都带来了许多不利的影响,一定程度上束缚了孩童的发展。在这种限制教育

---

① 姚林林、袁爱玲:《逼幼儿过早写字的弊端》,《教育导刊》2004年第8期。

下成长的蒙童,极有可能会形成过分刻板的思维,会因为太过于循规蹈矩而缺乏探索精神,长此以往便会泯灭幼儿的创造性。

王筠的"学字亦不可早"这一写字教学理念,一定程度上是基于对孩童心理因素的考虑,幼儿的心理思维发展还不完善,过早写字会影响孩子想象力的发展和创造性思维的发散。当今许多幼儿的家长一方面迫不及待地要求孩子学写字,觉得学得越早孩子越聪明,另一方面又想尽各种办法培养孩子的创造力,殊不知起点就已经发生了偏差。

其次,过早写字不利于蒙童全面性的发展。激烈的社会竞争所需要的人才是全面发展、和谐发展的人,这样的人具有一定的外倾性,人际关系处理得当,在工作、生活中也能够处于优势地位。但是纵观我国的童蒙教育,不管是在古代蒙学教育中还是当今的幼儿教育中,人们都习惯于根据孩童认识多少字、会写多少字、会读多少书来对其能力进行评价,似乎会写的字少了就能够判断这个孩子不够聪明,能力不够强。在这样一个片面的评价标准之下,不管是教师还是家长都将关注点放在了幼儿智力的教育培养上,却往往忽视了孩子情感与人格等其他方面能力的发展。而幼儿教育应该指向幼儿良好的、全面素质的培养,强调幼儿的各种基本能力和身体素质的整体和谐发展。①

再次,过早写字效果不佳,容易打击儿童学习写字的积极性。写字是脑、眼、臂、腕、指等高度协调的系列运作,这一系列复杂的动作对于蒙童来说是有一定的挑战度的,如果没有足够的兴趣,他们会很容易对这种机械的临摹感到疲倦与乏味。情感是来自内心深处的精神力量,是学生身心发展的一种心灵的动力,是学生获得各项能力的催化剂。幼儿时期处于写字教学的起始阶段,只要正确激发学生的内在情感,就有助于培养他们的写字兴趣,更有利于让他们努力学习祖国的民族文化。②

幼儿的生理及心理发育还尚未完善,对于写字这一精细动作的掌握还难以到位,如果过早学习写字,一方面很容易将字写得歪歪扭扭、错误百出,在不断

---

① 朱富强:《浅谈如何促进幼儿全面发展》,《快乐阅读》2013年第9期。
② 贾改娥:《激活幼儿情感,注重培养兴趣——略谈写字教学》,《小学时代》2011年第6期。

被纠正的过程中极易产生挫折感。即使最初对写字有一些兴趣,也会慢慢消失殆尽。这种不愉快的经历会在一定程度上给他们的身心带来不良影响。他们会把写字归为极难完成的任务之一,即使到了高年级阶段,写字对于他们来说已经是一项非常简单的动作了,他们却会因为幼儿期的心理障碍而很难将这一动作完成好。

另一方面,过早学习写字,他们可能要用很久的时间才可以写好一个字。但是同样的字到了小学阶段便可以很快学会,这样过早学习写字的幼儿原本所产生的优越感很有可能会因为被其他同学赶上而消失。更有甚者会使幼儿产生不自信——自己花了很大功夫才学会的东西,别人竟然那么轻而易举就掌握了,他们会开始对自己的能力产生怀疑,逐渐消磨学习写字的积极性。

在写字教学方面,王筠的"学字亦不可早,小儿手小骨弱,难教以拨镫法,八九岁不晚"等观点均被现代教育理论所吸收。写字教学作为语文教育的重要组成部分,不仅由于它是一项重要的语文基本功训练,与日常学习和工作中的表达与交流密切相关,还因为我国几千年来传统文化对书法的推崇与重视。在写字训练的过程中,儿童的道德情操可以得到陶冶,文化素养也可以得到积淀。

王筠所提出的"学字亦不可早""八九岁不晚"不仅是基于孩童特殊的生理及心理发展特点,还与其对文字的研究有着密切的关系。王筠是清代著名的文字学家,对汉字的形体构造、书写规则颇有研究,考虑到当时社会复杂的书写工具以及大部分情况下都作为一种书法艺术训练的写字训练活动,他认为写字不宜过早作为孩童的必修课程。

从我国历代书体及书写工具的复杂演变来看,书写工具的变革和应用,对写字教学的发展与变革有着极大的影响作用。汉字的书写极具特殊性,不管是书写材料还是书写工具都经历了一个漫长的发展过程,这一过程使得写字教学也经历了一个极其漫长曲折的发展历程。

先秦时期的写字教学经历了一个从无到有、从粗放到成熟的过程。写字教学无论是从书体上看,还是从书写工具与书写材料方面看都极其复杂与烦琐,再加上书写材料的不易求,所以这一时期的写字教学还不具有普及的可能性,并且不管是书体还是书写工具对于幼儿来说都很难把握,因此,不宜过早进行写字训练。

秦汉时期是汉字的定型时期，书写工具与材料也发生了较大的变化，对于写字教学的发展起了重要的促进作用。汉隶是学童初学写字时的常用字体，主要书写工具是毛笔，书写材料依然是竹简。

魏晋南北朝时期的写字教学活动不管是书写材料和工具方面，还是教学方法方面均逐渐趋于成熟，言传与身教开始成为主要的写字教学方法，书法艺术方面也开始出现我国书法史上第一个高峰时期。

隋唐时期，写字训练成为当时语文教育的重要内容，其中最突出的特征便是出现了专供学童习字用的教材，以及"顺其性，得其法"的写字训练原则。

宋元时期的写字教学，无论是在理论上还是在实践上都更加成熟。先大后小、先简后难、循序渐进等写字教学的程序和原则开始有了严格的规范。

明清时期，写字教学进一步发展，有了具有完整体系的写字训练教材。因为这一时期科举考试对学生的书法要求颇高，所以，蒙童入学不久就要在蒙师的严格要求下开始进行写字训练，几乎每天都有写字课。这样的训练完全是为了迎合科举取士的需要，但却忽略了蒙童生理及心理的发展特点，因此王筠针对当时社会蒙学教育的现状提出了"学字亦不可早"的教育理念。

王筠重视蒙童的教育，有着坚实的童蒙教育的理论基础，他对汉字形体演变、对汉字造型结构的深入研究，均为童蒙教育提供了良好的理论基础。他之所以能够对蒙童教育中的识字、写字教学有独特的见解，与其对文字的研究是分不开的。他为官期间，将自身对文字的研究心得用于普及童蒙识字教育的尝试，取得了很好的效果，为我国古代的基础教育探索积累了宝贵的经验。他的"学字亦不可早"教育理念的提出，正是基于对蒙童教育的重视，基于对孩童自身健康全面发展的重视，基于对汉字的深入研究所得出的适合孩童生理以及心理特点，适合汉字教学的写字教学的理念。这种理念不仅对当时的蒙童教育起到了积极的作用，而且对我国今天的基础教育仍有启发、借鉴意义，值得我们去深入挖掘研究。

第二节　不可学小字

写字是一项重要的语文基本功,是巩固识字的重要手段,是小学生必须掌握的一项技能,对于提高学生的文化素养也起着重要的作用,所以必须抓好写字教学,从小打好写字的基础,让一手好字与人终生为伴。在我国传统的语文教学中,习字是私塾的一个重要学习科目,直到今天,我们在中小学中还安排写字课。

写字教学在语文教学中始终都作为一种单独的基本功训练而存在。好看的字体给人一种赏心悦目的感觉,有利于对孩童进行审美教育和素质教育。然而当前许多中小学生所写的字潦草得难以辨认,而且错别字多、卷面不整洁,写字的时候也不注意笔顺和间架结构的规范,这些现状都是因忽视写字教学而造成的。我国古代蒙学教育经过长期的实践探索,逐渐形成了一套较为有效的训练原则与方法,它对当前写字教学的现状具有一定的启迪意义。

明清时期,统治阶级为了维护其统治地位,开始采取种种措施加强对学校的控制,把教育放在了国家发展的重要地位,实行文化专制管理,使学校沦为科举的附庸。这一时期,国家的主导思想是儒家思想,所以国家主导形态下的童蒙教育观也是在儒家思想的基础上形成的,它以成人对象为主,并且从成人的视角来分析、教育儿童,这样的教育观无形中便将儿童置于被动的和被塑造的角色地位。但是与这种教育观相反,活跃于这一时期的启蒙教育家王筠从孩童自身的生理以及心理发展特点出发,提出了符合儿童发展规律的教育理念,其"不可学小字"的写字教学理念对当时私塾教育的发展起到了积极的作用。

"不可学小字"这一写字教学理念是建立在王筠长期潜心研究《说文》,逐渐形成自己观点的基础之上,继而总结出来的幼儿学习写字的经验。王筠对汉字的发展演变、汉字的构字方法颇有研究,所以他知道蒙童学习写字如果没有一定的技巧的训练,没有教师的引导,是有相当的难度的,极易打消他们的写字兴趣。

在我国古代的私塾教育中,写字教学的一般要求为:由简入繁、由少到多、由慢及快、由大到小。由简入繁,顾名思义便是学童在学习写字的时候应从笔画简单的字形结构开始练习,例如,"上、大、人、几"等,一定不能要求写字教学的进度与识字教学一致。由少到多、由慢及快,就是孩童在刚开始练习写字的时候,要把握一定的度,既不能太多也不能太快,而是要适度进行。宋人王日休的"二三日不得过两字"便是强调蒙童在学习写字的初始阶段不可贪多求快,而是要重视写字教学的质量。虽然当前的写字教学不至于两三天才学一个字,但是古人重视打好学童的写字基础,由少到多、由慢及快的写字教学理念还是有一定的借鉴学习意义的。基础打好了,久而久之才可以达到运笔如飞、不致走样的效果。由大到小,这一写字教学原则便是强调蒙童刚开始学习写字时应从练习大字开始,如果先练习小字,那么就极其容易拘定手腕,即便孩子长大后也很难写好大字。王筠认为,如果孩子所写的大字能有三分好的话,那么他写的小字便一定会有五分好。

王筠指出:"学,则学《玄秘塔》《臧公碑》之类,不可学小字。大有三分好,缩小,便五分好也。"王筠在这里所说的写字"不可学小字"的原则,也同样是由于幼儿自身的"小儿手小骨弱"的生理原因。孩童对手部活动的控制还很不灵活,对于一些结构精细复杂的小字,在掌握的过程中会有一定的困难,所以蒙童刚开始学习写字的时候,教师要先教其练习写大字。[①]在手的运动感觉发育方面,幼儿的手的骨骼与肌肉通常要到七八岁才能基本发育成熟,六岁之前,他们的手部关节骨化都还没有完成,骨骼肌肉也远远没有达到成熟程度,在面对写字这种需要持久用力的极其精细手部动作的运动方面还是有一定的挑战性的,所以在孩童刚开始学习写字的时候教师应该先引导他们练习一些笔画比较简单的大字,这样才能使其手部骨骼以及肌肉不至于过于受拘束。

另外,蒙童在年龄稍大些可以开始学习写字的时候,也应该是"不可学小字,大有三分好,缩小,便五分好也"。如果让初入学的儿童一开始就用小手捏着笔将笔画繁多的汉字写在小小的方格里,这样的拘定只会使他们学不好而字迹潦草。[②]所以,孩子在练习写字的时候不能惜纸,必须先教他们练习写大字,在练习写大字的过程中将笔画练好,以此为基础再引导蒙童练习写小字。现阶段,许多

[①] 侯春梅:《王筠〈教童子法〉与语文教育实践研究》,硕士学位论文,河南大学,2011。
[②] 王雪莹:《王筠〈教童子法〉蒙学语文教学理论及其现代意义》,硕士学位论文,吉林大学,2009。

学生的字体不够规范,笔顺、笔画错误百出,往往就是由于在刚开始学习写字的时候,教师、家长将要写的字拘泥于田字格内。这样的练习方式对于笔画简单的字来说还好,但是对于那些结构复杂、笔画繁多的字来说,孩子就很难将其写好,写得大了就会超出田字格,遭到老师批评,写得小了有些笔画难免粘连在一起而难以分辨写得是否正确,这样的写字训练很难取得良好的效果。因此,王筠的"不可学小字"的写字教学理念虽然是古代蒙学教育针对孩童的写字教学所提出的理念,但是它对于改善当今写字教学的现状依然可以发挥重要的作用,依然值得教育者借鉴吸收。

先慢后快是私塾先生在教授儿童写字时必须遵循的重要原则和方法。先慢后快是出于汉字结构的复杂难写,为了使孩童能够将字写正确、写规范,刚开始学习写字的时候就不能贪多求快,而应该一笔一画地把每一个字写正确、写规范。一味地贪多求快,孩子写出来的字大都会歪歪扭扭、错误百出,这样便会不断地受到教师和家长的批评,从而使其学习写字的兴趣逐渐下降。从事蒙学写字教学的教师应遵循先慢后快的写字教学原则,在孩童接触写字训练伊始,便要根据其生理以及心理的发展特点,耐心地进行引导,要重质大于重量,不能一味地让学生不停地进行抄写,这样不仅不会提高学生的写字成效,反而会逐渐打消其练习写字的积极性。

《童子礼》中说:"凡写字未问工拙,切要专心把笔,务求字画工整,毋得轻易急惰,致有潦草倚斜,并差落、涂注之病。"王虚中甚至主张学童"先写'上''大',二三日不得过两字,两字端正方可换字。若贪字多必笔画潦草,字写得不好"。[①]虽然王虚中的这种"二三日不得过两字"的写字训练方法要求略显过分,但是他的这种重视打好写字基础、引导孩童掌握好汉字的间架结构和练好汉字的基本笔画的写字教学经验,对于当前学生的写字水平质量下降、写字不规范等问题具有很好的借鉴意义。

古人强调在刚开始练习写字的时候,要先写大字,然后再写小字。魏晋南北朝时期的写字教学中便已经开始提倡先大后小的原则,蒙童均是在大字写得有

---

① 胡维草主编《中华传统文化荟要(2)》,长春:吉林人民出版社,1997年版,第462页。

点基础时才开始练习小字。宋代的王日休也主张童蒙学习写字应坚持先大后小的原则,他在《训蒙法》中说:"写字,不得惜纸,须令大写,长后再写小字。"他认为,如果让蒙童先学习小字的话,便容易"拘定手腕,长后小字则写不得"。蒋和在《书法正宗》中也提道:"初学先宜大字,勿遽作小楷,从小楷入手者,以后作书无骨力。盖小楷之妙,笔笔要有意有力;一时岂能遽行? 故宜先从径寸以外之字,尽力送足,使笔皆有准绳,乃可以次收小。古人先于点画及偏旁研究习熟,然后结字。"王筠的"不可学小字,大有三分好,缩小,便五分好也"的写字教学理念与王日休、蒋和是一致的,他们都是基于汉字的结构书写特点,从利于孩童长久书写的角度出发所提出的观点。王筠坚持写字教学和识字教学分开,平行组织教学,以及针对打好写字基础的教学程序,都是对写字、识字规律性认识的结果。这些虽然都是古人的写字教学思想和理念,但是对于现今的写字教学依然具有很强的借鉴意义,它对于改善现阶段写字教学中所存在的问题具有重要的作用。

古人常把学习写字的过程分为摹、临、写三个阶段,临摹的要求是先大后小,临摹的内容一般是先唐碑,后晋人,由易到难,循序渐进。王羲之在《笔势论》中提出学习书写的步骤是:第一步要先学习基本的笔画,名曰"正其手脚";第二步要学习字体构造的形态与笔势;第三步要求在临帖时所写的字要尽可能追求与范本形似;第四步是为追求字体的圆润而要求笔画的劲健和体态的丰润。[①]这几个步骤符合学习写字教学原则中循序渐进的原则,只有这样才能逐步掌握书写的技能,达到完美的境地。

古代的蒙童在学习写字的过程中一般都要学习几个基本方法:一是执笔的方法。鉴于孩童生理发育的不完全,古人很重视执笔方法的指导,把它当作写字的第一步。五个手指各司其职,通过合作来共同完成"按、压、钩、格、抵"等动作。二是运笔的方法。由于每个人写字时所用的力度是不同的,所以运笔方法的掌握也因人而异,要想教孩童写好字,就必须教给孩子侧笔、折笔、顺笔、逆笔、中锋、回锋、藏锋等不同的运笔方法,引导其逐渐学会正确运用。三是描摹的方法。在写字教学中,描摹是引导蒙童快速领悟横、竖、撇、点等各种笔画的一种快捷可行的写字训练方法。教师在孩童描摹时要加强指导,及时启发他们注意字帖中各

[①] 于魁荣:《小学写字教学法》,北京:人民教育出版社,2001年版,第48页。

种不同的结构和运笔方法,逐渐引导其领悟到字的妙处,豁然开朗,写字就会大有长进。四是临帖的方法。蒙童写字前,要将字帖放在书桌旁,先认真观察字的形态、结构、笔画,领会其精神后,再下笔仿写。要想孩童打好写字的基础,就必须增加其临帖的次数,拓宽其临运的范围,并且能够真正做到眼到、手到、心到。五是读帖的方法。由于蒙童独特的心理发展特征,他们在临帖时常常是看一笔写一笔,脑海中记住的仅仅是每一笔画的写法,而缺乏对整个字结构上的分析与认识。在写字教学中,教师要引导学生集中注意力,在把一个字当作一个整体的基础上,认真观察字的形体、结构、笔画等,继而分析出汉字的写法特征与构字规律。蒙童只有脑海中形成整体的概念,写出的字才会比例适当、结构合理、端正整洁。

"先仿后临,仿临结合"这种传统的习字方法,是古人为蒙童学习写字所创造出来的一种重要的方法。习字训练的复杂工具及烦琐的步骤也为"先大后小"这种写字教学理念提供了理论依据,其对于今天的写字教学依然具有极强的借鉴意义。

王筠之所以在《教童子法》中提出"学字亦不可早""不可学小字"等的写字教学理念,一方面与其"学生是人,不是猪狗"的理念在源头上是一致的,均是从学生本身出发,充分考虑到孩童的生理以及心理的发展特点;另一方面与其自身对汉字孜孜不倦的研究是分不开的。随着对我国传统汉字形体发展的演变以及形体结构研究的深入,他不断针对当时童蒙写字教学的弊端提出自己的独特见解。这一写字教学理念的提出不仅使当时的童蒙教育中写字教学的弊端有所改善,而且对于改善当今写字教学中学生字体不够规范的现状具有重要的启发意义。

第三节 初学文者,大题当读小名家

王筠的《教童子法》更多的是在比较开明的教学思想的指导下,结合他自身的具体教学实践经验,来详细地介绍写字教学的方法的。我国自古以来就比较重视蒙学教育,一般从幼年开始便关注儿童在知识、道德方面的培养。虽然王筠的《教童子法》从内容上来说,一定程度上依然是为封建政治统治来服务的,但是与其他蒙学教材不同的是,这是他真正从学生自身生理及心理的发展特点出发而提出的教学理念。王筠提出的"学字亦不可早,小儿手小骨弱""小儿无长精神,必须使有空闲"等均是从孩童的生理和心理发展的特殊性出发考虑的,他认为教育如果超越了孩童的承受能力,就会给其身心造成损害,与教育的最初目的——促进孩童全面健康发展,背道而驰。所以最好的教育应该是最适合孩童的教育,是能够促使学生乐于学习,尊重学生身心发展过程的教育,而不应是教育者主观认同的教育模式。

一个人的内在气质、胸襟、才情、修养等必然对其表现在外的文墨作品有相辅相成的指导和影响。所以,即便是作为私塾的学童所参照临摹的书法作品,也不能对作者的个人品行有所忽略。人们可以从这些书法作品复杂的节奏变化中感受到书写者的性格、气质、情感生活等各个方面,所以这也是王筠提出"初学文者,大题当读小名家"的原因。蒙童处于心理发展的关键时期,人生观、价值观尚未形成,极易受外界影响。在对小名家书法作品的研读中,蒙童受到字里行间所暗示的节奏类型的潜移默化的影响,严格、轻松、随和、苍劲等这些不可言传的书法家的个人修养与精神境界都无形中进入儿童的体验,对于他们性格气质的形成都会有所影响。信息化社会的来临使现在的小学生从刚开始学习就步入了少纸、无纸的时代,随着他们敲击键盘的速度越来越快,字却越写越难看,相当数量的学生不能够做到横平竖直、笔画工整。所以,教师应该在写字教学中让学生研读些名家的作品,引导学生树立积极的价值观。

"书为心画,故书也者,心学也,心之若人而欲书之过人,其勤而无所也宜矣。"这句话说明了写字是书写者一定心理活动的表现,教师在写字教学过程中,应坚持启发性原则,运用多种方法启发学生思考,通过启发让学生明白其中的道理。"顿悟"是书法理论中最常见的字眼,颜真卿在《述张长史笔法十二意》中非常精妙地讲述了顿悟在写字教学中的普遍情况。这里面有一个故事:颜真卿辞官在家时,到长安跟张旭学书法。张旭只让学生看他写,不讲笔法,学生问他:字是不是这样写?他只回答"然""不然"。颜真卿问学友裴敬道:"足下师敬长史,有何取得?"裴敬回答说:"但得书绢素数本,亦常论请笔法,惟言信加工学临写,书法当自悟耳。"颜真卿就是经过刻苦练习,得攻书之妙,豁然开朗,书法才有大进。张旭所用的教学方法,正是以多临写为"信"以达到通其道理,然后再加以指点,强调的是"工若精勤,悉自当为妙笔"。正如颜真卿说的:"自得攻书之妙,于兹五年,真草自然可成矣。"这个故事的思想与现代认知心理学的主张是一致的。学生写字尝试再多,如不动脑思考有所领悟,只能是重复错误。即使教师把笔法传授给学生,还需学生自己临习思考,方可领悟,得到妙处。①所以王筠的"初学文者,大题当读小名家"这一写字教学理念正是从蒙童本身的健康发展出发所提出的观点,主张通过顿悟、思考引导学生积极发展。

对于学生临摹的范本,王筠有其独到的见解,他认为应该学习像《玄秘塔》《臧公碑》之类的字帖,"不可学赵,他字有媚骨",原因一是由于其规格适中,符合其"不可学小字"的写字教学理念;二是孩童初学写字时,应该选择一些字品不太高的小名家的作品,因为这些小名家所写的字的间架结构较容易把握,其换笔处也易于寻求。例如,王筠最喜爱的《铁像颂》,"苏灵芝字品不高,(其结体似即松雪所从出,惟少媚骨耳!)故其换笔处,易于寻求。即如'无'字,他底三横四直,其换笔之痕迹俱在,于我有益,故喜之也"。蒙童学习起来不至于太难而打消其学习的积极性。而一些大名家的书法作品用笔娴熟,笔法运于空际,对于幼童来说非常难以把握,所以初学习字的人不宜学习大名家的字品,如"尚出颜柳诸贤之上"的"虞永兴《夫子庙堂碑》",若只一味模仿,非但学不到字的精髓,反而落得个邯郸学步、东施效颦的结果。在王筠看来,教育要以人为本,要把学生真正当人来看,所以他认为儿童在接受教育的过程中必须能够体会到获得知识的乐趣,蒙学教育应该依据蒙童的性格特征,从儿童的实际需要以及发展特点来确

---

① 于魁荣:《小学写字教学法》,北京:人民教育出版社,2001年版,第49页。

定教学方法以及教学内容。

关于人品和书品的问题，多年来一直是一个纠缠不清的问题。一种意见认为，字品即人品，字的风格是写字者人格的体现。如果书写者为人刚毅正直，那么他写出来的字便能挺拔有力，典型的代表人物是颜真卿。这虽然不能说是没有道理，但是也未免过于简单化。有些书法家的人品虽然不能算好，但是你不能说他的字就一定写得不好。"书品即人品"或"人品即书品"的提法显然是过于绝对化了。两者并不能简单地画等号，如曾国藩的政治生涯并不能同他的书法成就相提并论。所以，把书法说成是作者的个性、审美情趣和追求以及他挥毫时的情绪的外现更为确切一些。

王筠所提出的"初学文者，大题当读小名家"就是认识到了写字教学所具有的育人的作用。他认为，字如其人，学习书法的更深层意义是向品质高尚的书法家学做人。人有"品"之高下，字亦有"品"之高下，古人评价字之优劣时多与人品联系在一起。所以，即便是小到儿童的识字课本，也不能对作者的个人品行有所忽略。王筠认为，儿童练习写字的范本很重要，应该选择那些人品比较好的书法家的作品来作为习字的教材，对于那些人品不太好的书法家，要绝对慎重。虽然一定程度上这样的说法有些过于绝对，但是王筠这种对蒙童习字教材精心甄别的态度，对于写字教学的发展起到了积极的作用。

现阶段，我们也经常会有"字如其人"的说法，即从一个人写的字看这个人品质的优劣。但是从目前的教学实践中我们发现，学生的汉字书写形势有点不容乐观，写字整体质量下降，字迹潦草，并且随意性强。所以从学生开始写字时起，就要严格要求，认真、工整，不能随意马虎，敷衍了事，教师要重视对学生进行汉字的美感教育。在学生对名家书法的临摹过程中，引导其体会书法的审美价值，提高学生的审美情趣。汉字以字溢美的表现是多方面的，从笔法到墨法，从形式到内容，从点画到造型，从情感到神采，从不同的角度都可以窥见汉字美的博大精深。写字教学自身便可以说是一种审美教育，学生学习写字和练字的过程便是欣赏美和创造美的过程，也是接受美的熏陶的过程。

《教童子法》作为我国古代传统语文教学方法的论著，它总结了前人的许多宝贵的语文教学经验和方法,对于指导当时的儿童教育,特别是语文教学克服流行的陋习和不合理的做法,以提高教学效果,应当说是有进步意义的。王筠对蒙童汉字教学的深刻剖析和躬身实践,在清代封建科举制度下,无疑是一次汉字教学思想的大解放,他不但继承古代汉字教学的优良传统,而且确立了"学生是人"的人本主义教育理念,充分发挥了汉字教学的人文教育功能,使汉字教学能针对汉字自身的特点和学生的心理需要,激发儿童的写字兴趣,并重视汉字书写的育人功能。《教童子法》作为一部产生于封建社会的著作,尽管有着种种认识的偏颇和思想的局限,但是其中所蕴含的诸多教育理论和教学方法仍然值得借鉴和肯定,有着极大的实用价值。我们要以科学的眼光审视《教童子法》,取其精华,去其糟粕,从而得到更多的启示,为现代语文教育所用,达到古为今用、传承优秀文化的目的。

第三章

被重视的阅读教学

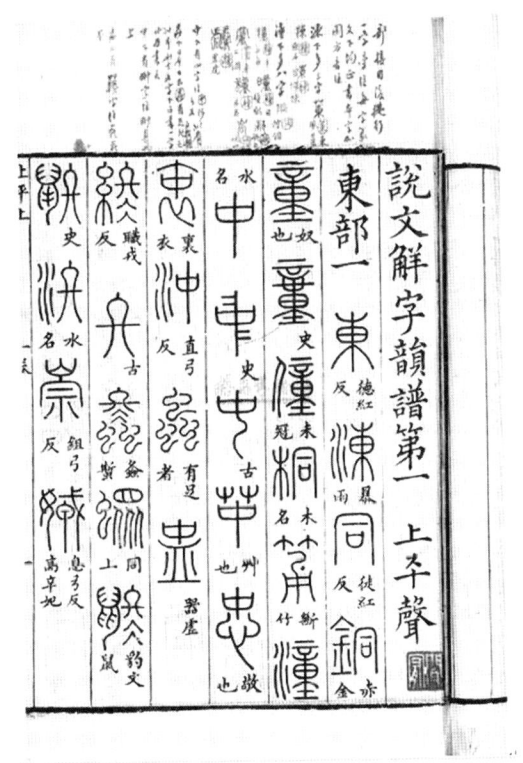

《说文解字》中的注疏

清朝末期,国家混乱,民不聊生。与商人的实业救国不同,读书人选择了读书救国,他们注重思想上的革故鼎新。王筠便是那个动乱朝代的先觉者,虽然他的语文阅读教育思想也沿袭了中国教育的传统模式,但他的进步之处在于他把学生当作独立思考的个体,在阅读教学中要求学生理解识记。特别是他在《教童子法》中所提倡的诸多阅读方法都是在顺应人的天性的基础之上来实施的,不仅对当代阅读教学有很好的启发意义,也让当下处于阅读教学困境的教师有了模仿、借鉴、创新的目标。当然,王筠特别注重教学中的实践应用。他在阅读教学的实践中总结出了新的阅读教学理念,如识字基础上的读书、质疑基础上的理解、读讲基础上的巩固、圈抹基础上的提高等。这些一改传统的语文阅读教学实践和理论,如一阵清风吹动了清末教育界的这沟死水。

第三章 被重视的阅读教学

第一节 识二千字,乃可读书

道光十九年(1839),清朝早已走上了下坡路,政治腐败,社会躁动,士人们或自保或图变,整个国家一片混乱、嘈杂,民不聊生。因清廷决心肃清鸦片致使英国利益受损,英国炮击中国,腐败无能的清政府抵御失败并割地赔款。朝野震动,举国哗然。这一年,王筠55岁。面对内忧外患,一些受先进思想影响的士大夫、有志之士开始思索并探寻救国的良方。王筠,这个民主思想涌动的读书人,秉承读书救国的思想意志,在其语文教育思想之中大量揭露并抨击了古代教育的悖谬之处并提出了革除弊病的方法。

王筠对古代昏庸的教师轻贱学生人格、压抑学生个性的语文阅读教学极为不满,他说"学生是人,不是猪狗",他提出"识二千字,乃可读书,读亦必讲",他说"读书而不讲,是念藏经也,嚼木札也"。这里的"讲",主要是指教师的讲解与引导。王筠的父亲王驭超,在清乾隆年间考取举人。当时作为名宦的王驭超,门下聚集了不少弟子,为便于弟子阅读,他编纂了《海岱史略》140卷,为安丘第一部历史名著。王筠耳濡目染,自然对读书获取功名有所期待。

王筠曾经说过,读书是人世间的第一件好事。读书可以使一些人功成名就,更能使很多人明白道理。但是有一些愚昧的父母,不让孩子读书,致使有的孩子在成长过程中心性就变坏了,竟然成了人人憎恶的坏人。那些触犯法律的人,大都是由于教育的缺失所致。因此,王筠坚定地认为,孩童时期简单的阅读是很有必要的。从中可以看出,他把阅读和识字结合起来有其深刻的道理。

王筠说读诗是阅读的开端。短小的诗作可以帮助孩童习得汉语规律,为阅读培养语感。其实,幼童涉猎浅易的诗赋唐时就有,以后也逐渐成为定例。明人吕坤就曾说:古人曾经把那些浅显易懂、直接抒发情感、与孩童自身有联系的诗歌汇成一集，每当遇到孩童疲倦偷懒的时候就会让他们高声诵读并让他们讲解，使他们能切实体会到自己身上的某种责任。汉字有声调变化而且自由语素较多，可以组成成千上万的辞藻，并极易形成富有音乐感且整齐对称的韵文。孩童诵习一些浅易的诗赋，既可以帮助他们获得声律知识、审美感受，又可以渐渐习得汉语规律，为阅读、写作做有效的准备。更为重要的是，像《千字文》《百家姓》《三字经》等一些适合孩童诵读的短句诗篇，不但读起来朗朗上口，还能在生活和学习上教会孩童一些道理。又如《孝经》等经典，这些都为孩子培养了阅读的兴趣，对孩子以后阅读习惯的养成及阅读能力的提升奠定了良好的基础。

　　另外，在阅读教学过程中必须教会孩子识字的方法和技巧。如果孩子在阅读的过程中不注意识字，那么即使他读再多的书也只是了解大意罢了，等到下次教师进行阅读讲解的时候，他会因为不明白没有识记清楚的字而犯愁，或者他会对接下来的课堂阅读学习产生厌倦的心理。王筠在《教童子法》中对孩童的识字教学言说得颇为全面。古代亦有许多识字教材和蒙学教材，例如，《千字文》《百家姓》《三字经》《急救篇》《史籀篇》等，其中大多数是集中识字或者随文识字，主要是为读书打基础。王筠提出，对于悟性高、学习快的少年，"全经"及《国语》《国策》《文选》都可以去读；对悟性低、学习慢的少年，也可以读以上这些书籍，但是在阅读过程中要有所摘抄。王筠这种阅读教学中因材施教的做法，直到现在仍为我们所重视。

　　王筠在《教童子法》中说"识二千字，乃可读书"。那么，是不是说只要掌握了这两千字，就可以读任何著作了？不是的。这里的"乃"有方可的意思。这两千字只是基础，在以后的阅读中还要不断积累生字词。这里的"读"是诵读，即熟读成诵，这种诵读对写作也是大有裨益的。王筠曾经在《教童子法》中讲述了一件事。他的家乡有位秀才，家境贫寒，必须亲自下地劳作，闲暇的时候爱好掷色子，但是他写出来的文章就像整天书不离手的人一样绝妙。有人问他原因，他说：我之前诵读过二十篇文章，现在早已烂熟于心，但是我每天还是会在心里面过一两遍。这个小故事看似荒诞又神奇，但是它却道出了一个事实：诵读多了，自然而然就能下笔成文了。

　　读书以勤为先，勤读、熟读才能成诵。古代的孩童不论住得远近，全部要求天一亮就到学校读书,背会了才读新书。一日三餐后可以稍微放松一段时间,接着仍旧被要求继续读书。其实,诵读是读书过程中对知识的积累和语感的体悟,这是中国语文教育最传统、最具魅力的教学模式。这里的书是指孩童所读之书,是依据儿童身心发展的阶段性、顺序性及不平衡性来有层次地指导儿童阅读的一些简单、适龄的书籍。

王筠对当时科举取士、注重八股文的遴选方法进行了抨击,其实质也就是对当时朝廷选择的教学书籍有很大的成见。此外,他还对学生学习文章时,教师对学生所读之书不给予讲解,不做深度解析,发出了"如何能使学生成才"的感叹。王筠还特别指出,在阅读教学中教师如若选择不当,只会让学生读一些俗不可耐之文。即便再尽心尽力,终究只是用粪便灌溉孩童的内心,待到幡然悔悟之时又会再用几年时间来洗涤孩童的心灵。这样就使得聪颖的孩童走了不少弯路,更使愚钝的学生终生无所收获。这样的语文阅读教学误人子弟,贻害四方。王筠在对传统语文阅读教学中的糟粕进行抨击时言辞犀利,句句传神且直击要害。事实上,王筠对孩童应读哪些书也做了简单的概述。他认为在读书的时候,不能以读很多书为目的,应该勤读经典的诗文。以上种种情况,在当代社会也时有发生,要想把传统阅读教学中的阴暗面作为前车之鉴,找到有效的解决办法,就需要负责任的教师来为儿童进行合理的选择、规划与引导。

王筠特别强调"读亦必讲"。他认为读书而不进行讲解,如同念藏经、嚼木札。读的基础首先是要识字,王筠在他所编纂的《文字蒙求》一书中系统地阐述了孩童时期识字的多种方法。王筠认为人之所以不能读书是因为不能认字或是认不清字,而其原因在于他们不知道字是能拆分的。如果把一个字分为几个简单的字,字越简单笔画就越少,记得就越牢固。在识字过程中,王筠还主张要结合所识之字的音、形、义来帮助记。这样,字形、字音、义都得到了很好的掌握,孩童在四五岁时识记两千字并非难事。要读书,识字是基础。对致力于晚清语文教育思想革新的王筠来说,帮助孩童识字、认字,总结识字之法只是他所走出的第一步。王筠在他的《教童子法》中继续对语文的教学和学习之道做了系统、全面的阐释和总结。

在《教童子法》中,王筠认为语文阅读教学必须读讲结合。教师要根据学生的

王筠作品中的教育思想

智力水平进行合理的讲解,讲解不能太深也不能太浅,一定要把握好度。在讲解之前一定要先了解学生智力水平的高低、接受能力的强弱,再采取灵活多样、行之有效的讲读方法:或"逐字讲之",或"合为一句讲之",或"识千余字后,乃为之讲",或"识二千字,乃可读书"。在阅读内容的进度上他提出重才华而不以年龄为准。"才高者,十六岁可以学文,钝者,二十岁不晚。"这就刚好与新课改中因材施教的教学原则不谋而合。

其实,在阅读教学过程中,王筠还有许多教学准则与当下的教学原则极为一致。这些教学指导方法目的是使儿童取得最佳学习效果。如"须先易讲者,而后及难讲者",这是先易后难的教学原则。又如"讲又不必尽说正义,但须说入童子之耳",这就涉及量力性原则。王筠还一再忠告教师不可随性发挥,滔滔不绝,"出之我口,便算了事"。教师首先要以身作则,在对作品进行解读时,自己应细细品味文本,而后再深入文本进行分析。作为教师,应以自己的阅读经历、人生体验来阐释文本;作为学生,也应以自己有限的阅读经历、生活感悟来解读文本。

现在的孩子之所以缺乏阅读的兴趣,原因在于现代的阅读教学脱离了他们生活的时代,远离了他们自身的生活体验。对孩子们来说,面对所阅读的文本,文绉绉的理论分析会让他们昏昏欲睡,他们喜欢用感性的、带有体验式的语言来进行文本解读。所以,王筠的阅读教育思想从侧面来启示教师要用心慢慢解读文本,尽量用学生日常生活中所见的人、事、物来辅助对所阅读的文本进行讲解,学生的阅读意识才会慢慢在自己原有知识的基础上被唤醒,这样语文阅读教学才会变为学生的一种真实感受。

王筠所提出的讲读之法其实无论是对于现代教师抑或是学生来说都是一种挑战。在以班级为单位授课的今天,教师不仅要从整体上对学生的学习水平进行合理的监控,还要对不同阅读程度的学生进行讲解指导。在大量信息充斥的今天,学生不仅要对教材知识进行学习,课外的学业负担也在无形增加,课外阅读书目的选择也影响着学生阅读能力的培养。在语文教学改革正在进行的今天,王筠所提出的"读亦必讲"有着深层含义。"读"可以解读为师生共同阅读,对文本进行细读,在阅读过程中学习生字词,学习遣词造句,学习文本的逻辑布局;"讲"亦可以解读为师生共同对所理解的文本进行交流讲解。在这个过程中,教师要适时引导学生,以阅读的文本为基础,不能偏离文本进行讲读。

王筠所提到的"讲又不必尽说正义,但须说入童子之耳"给传统的灌输式语文教学以有力的反击。他说,世人都是以愉悦身心、寻找快乐为目的,谁会自寻烦恼、自找苦吃?读书虽然比不上嬉戏打闹的乐趣,但是书中也自有所寻找得到的快乐。这对今天的语文教学有深刻的借鉴意义。作为一线语文教师,在启发学生进行阅读理解的时候,不一定把文本分析得深刻全面才是好的,才能帮助学生提高阅读理解能力。试问,是谁规定了阅读必须要理性地进行条条框框的解析?对于一些孩子对朱自清《背影》中父亲违反交通规则的解读,作为一线语文教师很有必要反省一下如今的语文阅读教学。孩童处于感性认知的阶段,语文阅读教学要步步牵动孩童的感受,阅读应在感性认识的解读之中自觉升华为理性的认知。这才是王筠所倡导的"讲又不必尽说正义,但须说入童子之耳"。

王筠所说的"读书"是读、思、记、用的结合。其实王筠的语文阅读教育思想也沿袭了中国教育的传统模式:注重积累,加强识记。王筠的进步之处在于他把学生当作是独立思考的个体,在阅读教学中要求学生理解识记,并提供了理解的途径。而传统的读书教学,最基本的就是诵读,就是所谓的"书读百遍,其义自见"。

宋代理学家朱熹曾说过:"读书须要读得字字响亮,不可误一字,不可少一字,不可多一字,不可倒一字,不可牵强暗记,只要多诵数遍,自然上口,久远不忘。"王筠认为这样的说法不是没有道理可言,但是孩童缺乏自主能力,往往变为死记硬背,如果缺少教师的引导和自己的思考,即便当下记住了,但是随着时间的推移,也会慢慢遗忘,更别说去运用自己所学了。因此,从学生发展的角度来审视语文阅读教学,诵读是在为积累阶段做准备。诵读重在民族语言色彩的浸润,日复一日地为学生终身的持续发展夯实基础。但是诵读积累过后,教师就要进行精心的讲解。理解记忆才能使学生更好地运用所学知识,学有所用才能激发学生的语文阅读兴趣。

第二节　令其善疑,诱以审问

王筠认为,阅读的过程是一个不断质疑、解疑的过程。阅读是以疑问为起点,以思考为核心,以自我领悟为目的的认知过程。只有在阅读中不断地质疑,才能获取最真实的阅读体验。传统的语文教学大多是在私塾中,先生摇头晃脑地读一句,学生摇头晃脑地学一句,先生就这样一字一句地领读,学生就那样反反复复地咏读,直到背会为止。如果哪个学生提出疑问了,教书先生就会茫然不知所措,然后呵斥这个学生,进而教导他会背便可以,不要问那么多为什么。对此,王筠在所著的《教童子法》中发出了"学生是人,不是猪狗"的感叹。王筠大力抨击无知庸师轻视学生的人格、压制学生的个性的做法,大呼教育的时弊。简单的一句"学生是人,不是猪狗",不但喊出了世人语文教学改革的心声,而且在当时对提倡西方的民主和个性解放也很有推动作用。

针对传统语文阅读教学中教师让学生自当木偶的状况,王筠在其《教童子法》的阅读指导中提出"令其善疑,诱以审问",这表明在阅读教学中,师生要通力合作。

王筠对这一句话做了很好的诠释。教师要引领学生对阅读之物提出合理的疑惑。阅读时要带着疑问,不仅仅是浅显地了解所读之物,还要在所读的作品中找出合理与不合理之处、精彩与疑问之处,要带着怀疑的精神读书。王筠认为,这样不仅可以锻炼学生的思考能力,而且还能够指引学生更好地作文。孔子说过:"学而不思则罔,思而不学则殆。"可见,"思"在阅读中占有举足轻重的地位。

那么,王筠所说的"令其善疑"作何解释呢? 王筠进行了很好的回答。其实,简而言之就是教师不但要善于引导学生在阅读中提出疑问,还要善于引导学生进行解疑。教师在阅读讲解的时候,要针对阅读的文本自己设计几个连环问题,依次呈现在学生阅读的过程中。王筠的这种做法犹如春雷一响,震撼了整个封建教育界,无怪乎后世称王筠是"为读书人的人性呐喊的第一人"。"令其善疑"的目的是要教师教会学生在阅读中合理质疑并进行解疑,即让学生学会阅读,这也与"授人以鱼,不如授人以渔"的教育理念不谋而合。王筠认为学生质疑的过程就是与所读之物进一步接触的过程。在质疑过程中不但会带动学生去找寻问题的答案,还能带动教师再一次以学生的问题为起点进行深入的研读,也只有这样的质疑才能使师生双方一同在阅读教学中进步。

"诱以审问"就是教师要循序诱导学生对阅读之物和所提疑问进行分析和解释。王筠的"诱以审问"无疑也是在告诉当下的教师,在阅读中要让学生联系自身实际,融入所读之物中,甚至可以把自己想象成作者或者文本中的主角,去思考文本的内容、布局和作者的寓意等。只有感同身受才能使学生在阅读的过程中合理地进行质疑与解疑。

王筠认为学会读书的目的是要进行写作,因此把读视为写的基础。他主张先学读后学写,这样才能使所讲的知识有用武之地,才能不断地激励学生多读、熟读。

传统的阅读教学只满足于让学生读懂。王筠的阅读教学思想揭露出教师教一篇文章,只是为了让学生"了解""读懂"却不对所读文章进行思考的缺陷。当时的教育统治者认为经典的作品,必定是无可挑剔的,因此他们总是照单全收。但是,如果教师照本宣科,那么这样的阅读教学中,即使教师循循善诱地把学生引入正确的解读之中,这种解读也是教师意料之中的,甚至蒙蔽了学生善于发现的眼睛,这也与王筠所提及的"令其善疑,诱以审问"是相去甚远的。而真正意义上的"令其善疑,诱以审问"是指阅读除了理解和读懂之外,还必须加以吸收和借鉴。阅读教学中教师要引领学生从文本中突围出来,让学生自身多在体验、感悟、质疑上下功夫,这样所读到的东西就带有了自我的因素。王筠强调在语文阅读教学中,教师应要求学生从开始接触文本就说出自己的体验与感受,应根据学生的个性化解读来引导和规范学生对文本的认识,这样做才能让学生形成批判性的阅读思维,而不只是对所读之物进行纯粹的赞美。

古代语文阅读教学强迫学生死记硬背、依葫芦画瓢,学生绝对的"唯师是从",对教师的权威深信不疑,无一点反抗和质疑精神。因此,王筠在其《教童子法》中格外重视师生教与学过程中的"疑"和"问"。那么,"疑"和"问"的内容又指的是什么？王筠的"令其善疑"是针对所有所学知识的质疑,并非只是对课堂内部知识学习的质疑。王筠认为只要有阅读的存在就一定要尊重学生个体的阅读体验,这种阅读体验的表现就是对所读之物的质疑。只有在质疑中才能加深对所读之物的理解,但是现如今的部分阅读却过度地贯彻了王筠"令其善疑,诱以审问"的阅读思想观。

当下学生在阅读过程中的质疑问难,有时是脱离文本的,他们看似在文本之内,实则在文本之外。或者是把经过艺术加工的文本与现实中的实物进行对比分析,得出一些无厘头的答案。出现这种状况多是因为学生没有花费时间去仔细揣摩文本,教师没有在阅读教学中进行恰当的引导,以致学生根据自己片面的理解,问老师一些文本之外没有深度的问题。这种现象不仅会让教师无从回答,更会让学生陷入阅读的误区。本来是以王筠的阅读教学思想为指导来进行阅读教学实践的,但是过犹不及造成了另一种未能预测的局面。

王筠提出"令其善疑,诱以审问",意在让学生自行研读文本或者和他人交流探讨之后的"疑",并非天马行空的"疑"。因此,要想"令其善疑"就必须"诱以审问"。那么,如何在阅读教学中引导学生合理地"善疑"呢？王筠提出了"读亦必讲",讲读结合的方法,即在教师分析讲解文本之前必须给学生足够的读取文本的时间。著名语文教育家孙绍振曾说过,在阅读教学中教师首先应引导学生关注文学作品中的情感。如果要倾注于笔端,流露于文本之中,必须要借助于实物并对其进行细腻的描写,这种被异化了的情感最具感染人的功能。因此,王筠提出的"读亦必讲"实际上是让学生咀嚼文本,在教师的帮助下和自己的领悟中,抓住文本中的情感,触摸到文本的生命。只有如此学生才能达到王筠所谓的"善疑",并在不断的质疑、解疑中让一切问题迎刃而解。

王筠的"令其善疑,诱以审问"其实与当今个性化的阅读教学是不谋而合的。阅读个性培养的基础就是王筠所极力倡导的"令其善疑,诱以审问"。也就是说,在阅读过程中除了教师的合理引导之外,学生也要有自己的阅读直觉。那样才能在阅读中有自己的判断,才能够理性地质疑而不随波逐流。读书中的"善疑"是针对阅读内容进行自我思考的过程,在这个过程中必须要有辨别是非的眼睛,要有自己的质疑与判断。否则,就会囿于文本之中。长此以往,虽然学富五车,但是做起事来并非得心应手,这样自然而然就会成为人们口中的"书呆子"。因此,阅读需要个性。这样的阅读才会有成效,阅读教学才不会成为众矢之的。

要想在阅读中达到王筠所提出的"令其善疑,诱以审问",需要教师在阅读教学过程中引导学生消除固有知识或思路的束缚,让学生善于发现、善于发问,学生每向前探索一步,即使微不足道,但对学生自己却是大有裨益。从这个意义上说,当下教师的辅导用书——教参,是很可怕的。它使得教师对文本的解读变得千篇一律,在阅读教学中无疑限制了学生的学问自由。总之,阅读教学中,学生善疑是一件好事。但是,由学生误读所提出的疑问就需要教师警觉了,因为不是所有不同于平常的解读都是多元化、个性化的解读。王筠的"令其善疑,诱以审问"中的"疑"的提出必须以阅读之物为依据,如若超出阅读内容产生不合理的问题,教师就要对学生的阅读加以引导了。

王筠在《教童子法》中异常重视阅读教学中的"令其善疑,诱以审问"。因为王筠认为学生是一个人,是能够独立思考的个体,而非学习的机器。因此,阅读是有生命的,学生可以通过在阅读中的质疑走进作者的内心世界,去感受文本是如何在作者心中孕育并成长的;如果只是停留在语言的表层意义上,那么学生对文本的解读将是苍白无力的,这种解读对学生以后的发展也是无用的。那么,他为何会在当时的教育界奋力疾呼并大胆革新语文教学法?他又为何会针对清朝晚期读写教学提出一系列革新的主张?因为他明白每部作品都是作者经验与心血的凝结,如果学生不善疑就感受不到文本的生命,那么这个文本对于学生自身就无多大意义,学生便不能从阅读中受益。因此,阅读教学中的质疑精神总是要落实到"令其善疑,诱以审问",也就是学生阅读能力的培养上。

那么,王筠在《教童子法》中是如何指导学生质疑问难,培养他们的阅读能力的呢?首先,培养学生的自觉能力。在阅读教学的过程中,王筠提出教师要循序渐进地通过问学生问题让学生开动脑筋,帮助学生提高自身的阅读能力。其次,培养学生的质疑能力。阅读质疑能力的培养要以阅读材料为基础。王筠指出,教师在阅读材料的选择上要由容易到复杂,不能让学生在最初阅读的时候就遭遇困难或者疑惑,进而打击学生的积极性。最后,培养学生查找资料的能力。王筠强调对阅读材料进行质疑的时候要有理有据,让学生在理解文本的基础上对文本进行合理的质疑,阐明自己的观点,这样的阅读才是真正的阅读。这种能力的培养强调的是"独立"二字,这也正是王筠力主革新变旧的语文阅读观的主导思想。

王筠作品中的教育思想

王筠在阅读中强调"令其善疑,诱以审问"的目的就是为了培养学生的阅读能力。文艺理论家也是语文教育教学研究者的孙绍振先生也强调阅读要质疑问难。他特别强调的"站着读书"与王筠的"令其善疑,诱以审问"是相互契合的。他认为当学生发现书中哪怕只是一点与自己思考的不相符,都应抓住不放,学生发现了问题,在之后解决问题的过程中才会有新的问题和新的发现。此外,王筠还强调,在阅读的过程中,遇到疑问要反复思考,不能在一知半解的时候放弃探究。孙绍振老师也说:"当你的疑问解决了,你的真理也就站起来了。"其实,多数人当时意识不到问题被解决的重要性,但是日后若用到了,那时就会感到很庆幸,心里也会为自己当时的坚持而高兴。无怪乎王筠之后的教育界知名人士一直对王筠的语文教育教学思想赞誉有加。

其实,王筠的"令其善疑,诱以审问"和《论语》中的启发式教学也是如出一辙的。《论语》言:"不愤不启,不悱不发。举一隅不以三隅反,则不复也。"也就是说,不到学生想弄明白却仍想不通的程度时先不要去开导他,不到学生心里明白却又不能完整地表达出来的程度时也不要去启发他。如果他不能举一反三,就先不要往下进行学习了。在阅读教学中,学生有了求知欲但是思维却遇到障碍,教师只需给予学生一定的提示,接下来要给予学生足够的时间,让学生自行思考,不要一开始就把答案和盘托出。教师的启发要画龙点睛,那样才能使学生如醍醐灌顶,茅塞顿开。"授人以鱼,不如授人以渔。"这种启发式阅读的方法能够帮助学生建立起对阅读的兴趣和信心。语文教育大家叶圣陶老先生说过,教师的主导作用在于启迪引导学生,而并非教师自己的滔滔不绝,最好的教师是学生的顾问,学生不懂了就问他,等到学生有了自学能力,就可以完全脱离教师了。

"令其善疑,诱以审问"亦和《学记》中的"教学相长"之法有异曲同工之处。《学记》言:"虽有嘉肴,弗食,不知其旨也;虽有至道,弗学,不知其善也。是故学然后知不足,教然后知困。知不足,然后能自反也;知困,然后能自强也。故曰:教学相长也。《兑命》曰:'学学半。'其此之谓乎?"也就是说尽管有美味可口的菜肴,如果不吃永远不会知道它的美味;尽管有高深完善的学问,如果不学永远也不会了解它的好处。所以,通过学习才能够照见自己的不足,通过教人才能发现自身的困惑。知道自己学业的不足,才能反过来严格要求自己,发现疑问后才能孜孜不倦地钻研。所以,教学是相互促进的。《兑命》篇中"教与学是一个事情的两个方面",说的就是这个道理。

学生是学习的主体，教师是主导，教师在学生学习中所起的作用是引导启发。学生在学习中产生疑问，即可询问教师，教师知道了学生的疑问，自会循序渐进启发学生解除疑问并有所收获。这就是教可以帮助学，学也可以促进教的道理。王筠还举实例来证明阅读是一种需要不断交流的教学，进而诠释自己所提出的"令其善疑，诱以审问"的合理之处。

据他的《教童子法》记载，潍坊安丘县的刘川南先生十多岁的时候，老师先为学生选取书本的几行内容进行讲解，学生就请教先生说："照这样的话，我就举一章与老师教的不一样的例子吧。"老师让他退下，思考后又重新开始讲，每天都有这样的情况发生。半年之后，老师对学生提出的问题就应答自如了。王筠认为这种质疑阅读模式使学生针对阅读文本向教师质疑，不仅能够很好地打破当下阅读教学的程式化模式，让学生进入个体自读、教师引读的阶段，还能够激发学生阅读的兴趣，使学生真切地感受到阅读的魅力。

王筠接着又举了李荆原的例子。求学的时候，每天早饭过后，老师就让学生各自去自学或者整理自己学的东西，学生就各自都到田间沟旁。等到回来的时候，他们各自针对自己所学的经文在一起探讨，有什么疑问或者分歧的时候，先生就会为他们答疑解惑。王筠针对传统教育中学生亦步亦趋地跟随教师进行语文阅读的学习，提出了教师应给学生独立看书、思考、分析的时间，接着再提出自己的疑问，进行交流和讨论。

那么，学生面对阅读的文本应如何质疑呢？这就需要在阅读的过程中学生与教师进行有效互动。首先，教师要给学生自己阅读的时间。这种时间的安排必须是课内外的结合。假如我们把阅读教学的内容全部置于课堂之中，那么整个阅读教学对于所有的学生都会变得毫无期待。王筠则主张学生应在课外进行文本的阅读与质疑。阅读教学要因地制宜、因时而异，学生大部分时间都是在学校的学习中度过的，因此，语文阅读教学合理的时间安排则是用半节课或者更长的时间让学生自读，剩下的时间进行问题的讨论，下节课教师应围绕学生的真实问题进行教学。

其次，质疑需要教师的引导与追问。对学生来说，应先了解所阅读的文本"写了什么""怎么写的""为什么写"这三个问题。理解文本及作者的写作意图是最为基础性的阅读要求。对教师来说，面对学生提出的五花八门的问题，应对问题进行整体的概括，抓住学生感兴趣的问题结合文本进行有步骤的引导与追问，避免在没有质量的问题上花费时间。

王筠作品中的教育思想

最后,学生在不断思考与解惑之中能够更好地解读文本。王筠提出让孩童发问,在当时传统语文阅读教学占主导地位的时期,不能不说是一件石破天惊的事情,由此也奠定了王筠在语文教育界的重要地位。

王筠在语文阅读教学中着重强调的"令其善疑,诱以审问",不仅是在自读基础上的质疑,还是学生在教师点拨下进行的质疑与研析。因为并非每个学生都会发问,并非每个学生都能发现疑问,王筠也指出这类学生还不在少数。因此,他提出作为教师要让学生学会思考、善于发问。在阅读教学时,教师要经常诘问学生,让他们善于发问并对他们循循诱导,同样以发问的方式来帮助学生解惑。因为在阅读交流中,点拨、追问和适时的评价能够帮助学生总结和梳理重要的问题,引发他们的学习兴趣并指引下一步的学习。只有这样做才能使孩童在阅读的时候言辞精准、不落俗套。

王筠特别强调教师对学生进行引导点拨的前提是在学生遭遇到学习障碍的情况下,这时就需要教师考虑学生的主观需要,而不是凭着自己的经验和感觉来为学生解答所谓的疑惑。其实大多数时候不是需要教师找到学生问题的答案,而是教师依靠学生的力量解决学生自己的疑问。教师要做的就是为学生提供适当的途径,给学生选择的机会,而不是直接为学生提供答案。只有这样,学生在学习的过程中才会不断地努力,才会尽可能多地提出自己的疑惑并自寻解决的方法。也只有这样的学习,才能使学生真正地掌握知识、提升能力。

那么,教师在学生质疑过程中会出现哪些情况呢?其实教师对课堂的掌控有时候往往会因为学生的问题而不自觉地脱离自己的教学设计。面对这种情况,有的教师会慢慢脱离学生的问题,逐渐偷梁换柱,将话题转移到自己预设的范围内,让学生按部就班地遵循自己的教学设计;有的教师面对学生学习的多种可能状态,应对自如,并且能够很好地完成自己的教学目标。我们推崇后者。但是后者对教师研究教材、把握教材、设计教学、教材拓展以及应对学生的多种可能性的素质都有很高的要求。我们可以设想一下,当教师走进课堂,面对一个基本不可知的世界,对学生提出的关于文本或者脱离文本的问题,教师将如何既合规律又机智地组织教学活动?

我们不得不感叹,王筠既是一个语文教育教学的改革者,也是一位具有发展眼光的教育家。李荆原的例子就很好地说明了王筠所倡导的"令其善疑,诱以审问"的前提是教师较高的综合素质,这同时也是当下语文阅读教学面临的巨大变革。

第三节 多读勤讲,岁无旷日

王筠在《教童子法》中称"多读勤讲","读"的内容主要是教学用书,还有部分课外读物。读的时候要强化读的目的性,注意读的层次性,追求读的理想效果,不同形式的读有不同的功能。此外,这个"读"并不是只有学生在读,教师也要广泛涉猎各种书籍。因为对于教师来说,他必须要有对众多书籍进行取舍的合理标准,只有这样才能够很好地指导学生的阅读,也只有这样才能够让学生紧跟自己的步伐,使学生不至于在阅读的时候不知所措。"讲"即我们所说的学生复述和教师讲解,在现代社会还可以延伸为"说"。这里的"说"不仅仅是指在课堂上的回答问题,还指在公共场合的发言。王筠曾说"佳子弟多有说不出口底苦"。我们进行阅读主要是来锻炼思维,用于同外界的交际,读的最终目的在于说的实践。但是在实践之前,教师万不可在阅读教学中急于求成。因此,王筠说教学生阅读就像种植树木,每日浇水施肥,让它长成参天大树,即使长得没有那么壮硕,也可以留以小用。不恰当的阅读教学就像木工只想着把弯曲、矮小的树木用来做成小桌椅,其实他们并不知道如果就着这树木生长的样子并耐心地等待,会做出更好的桌椅。王筠指出,教师如果在阅读教学中急功近利,就犹如在树木生长旺盛之际将其扼杀,犹如拿着戒尺体罚学生、命令学生,压制他的成长一样。如果进行这样的阅读教学,那么教师的罪过就很大了。因此,阅读的过程就是知识积累的过程,只有多阅读,多进行交流讲解才能在与人交谈的时候出口成章、旁征博引。

讲是在读的基础之上生成的。王筠说每日有所读,日日才会有收获,才不至于荒废了时日。因此,王筠指出阅读教学要在课堂内外同时进行。

首先,在课内阅读教学中,教师必须重视学生的自主阅读。王筠的教育理论之所以在当时是石破天惊的,主要原因就在于他倡导教师要尊重属于学生自己的课堂时间,让学生充分地学习,充分地表达,而不是纯粹地对学生进行知识的灌输。

其次,课内阅读不能脱离教师的指导。"令其善疑,诱以审问"的前提就是教师自身必须对整个阅读教学流程十分清晰与连贯,这样才能引领学生的阅读,使学生的阅读进入有目的、有层次、不做作又本真的层面。针对当下学生课业繁重,属于他们自己的阅读时间越来越少的现象,教师很有必要在课内阅读教学中提高学生阅读的实效性。

最后,"令其善疑"与"读亦必讲"相互结合的结果就是教师应该把主动权交给学生,也就是说学生要结合自身的体验去阅读思考。每个人都有天生的好奇心,每个人也都渴望创造,向往真正的自主,因此,对于学生来说他们更加不喜欢机械式的、被动的阅读。这就需要教师教给学生自由阅读的方法,让学生真正做到独立阅读并独立思考。

王筠在《教童子法》中给我们提出了一些阅读积累的方法,意在让学生不荒度时日。在私塾之外,教师和亲人要给他们讲一些有趣味、带知识点的故事或者提出一些让他们好奇的问题。如,"十三经"都包含哪些?"二十四史"都包含哪些?作者分别是谁?教师还可以每天给他们讲一个典故,一年之后他们就可以积累下300多个。即使教师讲得再空洞,仍可以拓宽学生的知识面。如果学生逢人便说自己学到的典故,那么这也可以算作是该学生勤学上进。如果他用所学到的知识帮助人们解决实际问题,学以致用,那么他就是其他学生的榜样了。而这些课外知识的学习,都是在学生没有任何压力的情况下完成的。课外语文知识的学习既可以弥补课堂上语文学习的枯燥性,又可使学生突破死记硬背的牢笼,体现了王筠以人为本、关注学生的思想,更是快乐教育的典范。

王筠所提出的语文知识积累的途径,其实就是要求学生在课外也要进行阅读。王筠在《教童子法》中提到"小儿无长精神,必须使有空闲",他针对儿童注意力集中时间短的天性,主张教师、父母利用课余时间来增加学生的阅读知识和经验,让他们在休息、娱乐中汲取知识。因此,王筠主张学生要在课堂之余进行广泛的阅读,这样在课堂上所学习到的新知识就会纳入他们的知识体系中。在这种情况下,学生就会对所读的内容主动进行思考。一项调查显示,一个学生在脑力劳动上所花费的时间,大约有1/3是用在阅读教科书上,有2/3则是用在阅读课外书籍上。因此,王筠要求学生在课下多涉猎书籍的活动,对学生的学习也是大有裨益的。

要想"岁无旷日"就要多读书、勤读书,这就要靠日积月累的功夫了,一点都不能偷懒取巧。在古代语文阅读教学中,特别是古文、诗歌教学中,学生常常被要求"熟读成诵"。王筠在阅读教学中不排斥诵读,因为诵读是传统阅读教学中行之有效的读书方法。所谓"书读百遍,其义自见""熟读唐诗三百首,不会作诗也会吟"。但是王筠所倡导的诵读并不是死读,关键在诵读中要注重语言知识的积累,在诵读中应学会思考,增强对文章的理解和感悟能力,这样才利于语文知识的积累,才能在诵读基础上进行背诵。因此,诵读所起的作用并非是语文阅读教学中"令其善疑,诱以审问"能替代了的。

王筠提到的"多读勤讲,岁无旷日"是对传统语文阅读教学中阅读方法的一成不变抑或是只读不记的死板方式进行批判的。但是纵观目前我国的语文教学,大部分是课堂上教师讲得太多,学生读得太少,整堂课经常是教师情绪激昂,学生无动于衷。为什么会出现这样的情况?就是学生自己没有去与阅读材料进行对话,没有从自我出发去感受和体验。没有真正地掌握阅读的方法,又怎能情感奔涌激荡呢?归根结底是学生读得少、积累得少,学习的时候没有知识的积淀,在听讲的时候必定会云里雾里,最后昏昏欲睡。因此,王筠提出不论识字还是读文,都要求熟读、熟记。在他看来,一次完整的语文阅读教学活动是由略读开始的,经过讲解到熟读,以熟读为其终结,而熟读以"烂熟于心"为最佳。阅读教学的效果以学生能熟记为其最终标准。

为了使学生能对所读诗文达到"烂熟于心"的目的,王筠提出三点主张:一是读懂诗文,在理解的基础上熟读;二是下苦功夫,一定要滚瓜烂熟;三是掌握一些读书的方法。在阅读方法方面,王筠着重推荐了叶奕绳的"强记法"和"连号法"。所谓"强记法",他在《教童子法》中说了一个有关叶奕绳自身的故事。

历城有一个名叫叶奕绳的人,他在阐释"强记法"的时候说自己天生愚钝,每读一本书,遇到自己喜欢的,就会抄录下来。抄录完毕后,再朗诵十几遍。还把抄的这些东西贴在墙上,每天再读十几个段落,少则六七个段落。在他合上所读之书散步的时候,随即也会看看所贴录的东西,每天必定会看三五次,到了一定的时间就非常熟悉了,最后便能够一字不落地背下来。当墙壁上没有多余的地方再贴所抄录的东西的时候,他就会把之前所贴录的收起来,再把近几日所抄录的粘贴在空处。这样随收随补,每天都不会荒废时日。一年之内,大约能够熟练识记三千余段。几年之后,学识逐渐丰富,每每看到自己所贴录之物仅是大概浏览一遍,稍加记忆即可。经常见到一些贪多的人,略微得到一点印象就过去了,稍过一些时候,使脑袋空空,不如这种阅读方法精要、实际且收获多。

所谓"连号法",类似今天的循环记忆法。第一天诵读一页的内容,第二天接着诵读一页新的内容,并诵读第一天所诵读的内容,到了第三天,把第一天和第二天所读的内容也一并诵读,照这样的方法,所读内容逐日增加,到第十一天,便可把第一天所读的内容除去不再阅读。这样呢,每天都能够诵读十页,读一周之后,便具有诵读十周的内容。照这样的读书方法,即使是才智中等偏下的人,也没有不烂熟于心的,这种识记方法也是有心理学依据的。

王筠接着还提出了通过阅读教学来加强口语教学的观点。教师可自拟题目若干道,贴在书签上,把它收集在竹筒之中,每日饭后,拿出十个,让学生说说自己对这个题目的理解及思路,这样不但可使学生口语表达流畅,还可提高学生的写作水平。相较当下的语文阅读教学,王筠的这种"多读勤讲"极具实用价值。我们现如今的阅读教学,除了用一些琅琅的读书声来烘托所读之书不算乏味外,往往脱离了阅读的实际训练。其实,在阅读教学中要更多地让学生去讲、去说,他们理解和运用语言的能力才能在语言的实践中得到提升,反过来为更好地阅读做准备。因为阅读教学的核心价值就是培养语言能力。

除此之外,王筠所阐述的阅读教学方法中,曾说过通过反复的诵读能纠正乍看似乎明白但是理解有所偏差的地方。诵读的好处可想而知。其实,诵读法也逐渐被独立出来并广泛应用于现代语文阅读教学中。首先,诵读是个性化的解读。那么,诵读者如何进行个性的发挥而展示自己的亮点呢?那就是反复诵读。但并非像王筠所批判的那样,如同传统阅读教学中学生亦步亦趋地跟随先生"念经"。当代语文阅读教学中所提倡的诵读,是在多次朗读的基础之上对作品进行深刻而独到的解读。有的诵读家读得好,是因为他们对作品的思想情感理解得深刻、透彻并且有自己独特的见解。其次,诵读是与自己及听者的对话。对话是人类情感交流的重要途径。诵读不仅能够让自己与作品进行心灵上的沟通与交流,在诵读的过程中自觉调整心态进入文本本身,还能够以情动人,让听者产生对所诵读作品的喜爱之情。诵读的过程就是与听者进行交流的过程,在关注听众的反应的同时要调整自己诵读的状态。最后,诵读是一种语文阅读方式和社会实践形式。诵读可以培养我们的说话能力。诵读和之前所提到的王筠的"勤讲"是如出一辙的。诵读不仅仅在课堂,诵读必须走出去,走进我们的生活,走进社会生活。作为社会实践的形式,诵读还有其更广的拓展空间。就像我们现在开展的朗诵会、演讲会、辩论会、故事会、社会调查汇报、采访、慰问、广播、主持等都是以诵读为基础建构起来的。

与诵读的实践情感性相比,王筠更强调精读,其所提倡的"圈其所抹,抹其所圈",其实就是精读的一种体现。只有细致认真地研读,才能对所读文本提出自己的疑问并自行圈画和备注。反复"圈抹"的结果就是体悟到精读一篇文章或者一本书,有时候胜过读好几本书。因为精读是对文章的深入挖掘。要想读懂一篇文章,就必须带着疑问去寻根究底。首先就必须知道它的段落大意,能够辨析文章的思路。其次,必须能够快速筛选并整合信息,提炼出文章的中心思想,并在此基础之上分析概括作者的观点态度。最后,根据自己对文章的理解,能够用自己的话评价文章。精读需要充足的时间,进行反复的琢磨和研究,最好是边分析边评价,力求明白透彻,以便吸取精华。这又与王筠在《教童子法》中的"多读勤讲"不谋而合。王筠提倡"多读"就是有意识地调动学生思维的主动性,让学生在不断的阅读中逐渐进入精读的阶段,让学生在疑问中进行阅读材料的重组并得出自己的理解,让学生在心里和文本作者对话,遇到问题的时候主动地反复思考,而不是照搬或者强记所读内容。在信息量庞大且冗杂的当今社会,不但要学会筛选对自身发展有用的信息,更要学会潜心地精读。这就需要我们不但要理解作者的创作意图,还要以自己的知识背景来印证作者的观点是否合理,在"多读"中合理地"善疑"。

王筠所提倡的"多读勤讲,岁无旷日",对当代阅读教学确有很好的启发意义。这里所谓的读和讲,在阅读教学中是师生双方的责任,这种对师生互助阅读教学的提倡打破了传统阅读教学中只读不讲或者只讲不读的低效局面,也让当下处于阅读教学困境的教师有了模仿、借鉴、创新的目标。

第四节 圈其所抹,抹其所圈

在阅读过程中,不仅仅是动口进行有声的阅读,或者用心进行细致的阅读,所谓阅读还要在读的基础之上进行手脑结合的运用。那么,如何能够手脑配合进行更好的阅读呢？王筠提出了自己设计的"圈其所抹,抹其所圈"的阅读方法。

针对当时学生大都存在文不达意或者言不由衷的毛病,王筠指出错误的根源在于庸师和父兄。他们选取八股文来让读书人猎取功名,从不考虑学生语文知识的积累和语感的培养,更是用不切实际的阅读方法来压制学生阅读的趣味性,致使学生不能清楚地表达自己的意见,作文不能很好地抒发自己的情感,引用典故的时候更是张冠李戴。这种情况的出现就使当时的读书人越发知道"书到用时方恨少"的道理,更使教师和父兄后悔应该早些教孩子读书并学以致用,而不是一心只为功名读死书。王筠对这种教学不正之气进行了大胆的批判,这在当时那种钳制言论的时代是需要很大勇气的。也正因为如此,王筠在《教童子法》中提出了"圈抹"的阅读方法来指导学生的阅读。即学生在阅读的时候一旦有自己的见解,要立即写在所读文章之上,以便他日进行参考对照或修改。如果读过的书都是干干净净的,上面没有记一个字,就表示没有用心读书。如果每篇阅读的书目学生都勾勾画画,有所涂抹,这才是真正下功夫苦读书了。因为,在读书过程中,每当学生有了新的想法,便会对其所读的篇章进行勾画和书写。特别是过一段时间,当学生再次阅读之前的文章的时候,就又会对之前所书写的内容进行修改或者扩展,这就是人们所说的"读书,每读一遍都会有新的收获",这样的现象实际上是学生在不断的自我否定之中逐步走向成熟的表现。

王筠的这种阅读方法其实还被运用到了作文中。为了充分发挥学生作文的积极性,他提出了"以放为主"的指导原则和"以圈为主"的批改原则。"以放为主"就是要求学生作诗作文时要多写多练,内容和形式都不用受拘束。"以圈为主"即批改学生诗作时,要多用赞赏性的圈号给予鼓励,这也正是尊重学生人格、张扬学生个性的现代教育理念的体现,这种作文方法也使王筠培养出了诸多"佳子弟"。

那么,阅读教学中教师让学生反复进行"圈抹"的意义何在?古人有"不动笔墨不读书"的名言。动笔,就是要进行摘录、勾画、鉴赏、评点、批判、仿写等,这些虽不能算是真正意义上的写作,但是的确也是在为写作做准备。阅读的时候勤动笔,虽不过三言两语,但是日积月累就会提高阅读的质量。语文教育家王筠设计出的这种"圈抹法"在《教童子法》中曾提到,所读的每篇文章学生都能够反复圈点和涂抹,这样才是真正的阅读。所下的功夫必定会使阅读能力有所提高,因此,不妨"圈其所抹,抹其所圈"。

这种"圈抹法"真正目的不只是在所读文章之上进行圈抹,在圈抹的过程中,其实是在进行自我重塑的阅读。在读书的时候,看到有所感触的地方就立即写下当时的想法,以备下次再阅读的时候进行涂改,加以完善。王筠提出的这种评点方式,其实由来已久,同时也被搁置了很久。在现代如果能够根据教学的需要在此阅读之法上进行创新,想必对于提高学生的阅读理解能力也是大有裨益的。这种圈抹的读书方法,并非是直指文本的阅读,不是像我们字面理解的那样故步自封。"圈其所抹,抹其所圈",主要是在阅读中我们要时时进行阅读的交流活动。师生之间、生生之间只有进行文本的阅读沟通,在交流之中产生思想的碰撞,才能对文本有更好的记忆,才能在自我阅读的基础上汲取大家的成果并推陈出新。

王筠的"圈抹法"其实是由我国古代阅读教学的一个重要方法——评点法——发展而来的。古代作为阅读教材的选本大都有评(或批)和点(圈点)。所谓"评"就是对某字、某句甚至某章的批注,在考证的基础之上提出自己的见解。"点"就是圈点,把自己认为该书写得好的或者是不理想的地方做上标记。这些有评点的阅读教材的出现对指导学生的自读大有裨益。评点的关键是"涵泳"。朱子读书法中就提到了"虚心涵泳"这个读书方法。所谓"虚心涵泳"就是读书的时候要虚怀若谷,认真细致地体会书中的意思,不能先入为主,不能固执己见或

王筠作品中的教育思想

者随波逐流；读书的时候要耐心咀嚼、静心品味，做到与文本对话、与作者对话。这样的阅读才是一种创造的过程。因此，我们在阅读过程中要巧用点评法，这样不仅可以精炼主题、训练语言、提高分析语言及理解语言的能力，还能够抒发自己的情感，把自己的看法和认识在字里行间展示出来。这种随文点评的方法运用起来简单方便，可以三言两语，可以随心所欲，可以洋洋洒洒，可以点到为止，无拘无束。从某种意义上说，这种阅读方法又是一项创作活动，它既可以训练自己的阅读理解能力，又可以训练自己的语言表达能力，还可以提升自己的写作水平。其实在圈抹的同时，教师还应指导学生进行必要的摘录。凡是看到精彩的段落或文章就随手抄录下来，时时拿出来读，这样就会在熟读的基础之上牢记。如果每天都拿出所摘抄的经典段落用心读上几遍，不仅能为以后阅读提供理解的素材，更能够提高阅读的效率，还能够随时用以阅读上的交流。这在当今的语文课内外阅读中也经常用到，不过贵在持之以恒。

相较王筠的阅读教学方法，古代最有影响的读书方法论是朱子读书法。南宋著名理学家、教育家朱熹的弟子汇集他的训导，概括归纳出"朱子读书法"六条，即循序渐进、熟读精思、虚心涵泳、切己体察、着紧用力、居敬持志。这六条读书法前后连接，相得益彰，特别符合学生的知识结构以及认知规律。它是我国古代最系统、最全面的读书指导法，无怪乎后世之人对它的研究热度不减。但是朱熹强调读书的目的就是穷理，读圣贤书，对书中的内容绝对相信。这显然与王筠的"令其善疑"是背道而驰的。我们不难看出，王筠的教育教学思想之所以被当代人分外重视，主要是他的语文教学思想中有诸多值得借鉴、弥足珍贵的地方。王筠曾义愤填膺地说："学生是人，不是猪狗。"这与当今语文教学改革中所提到的"学生是学习的主体""教师是学习活动的组织者和引导者"颇为相似。古代传统阅读教学，重视朗读，重视自身的体悟，而今天的阅读教学，教师过分注重分析和课堂教学的形式。两者大相径庭，从古今变迁的语文阅读教学中，我们应该反思当下的阅读教学能带给学生哪些收获或者是能启发学生哪些心智。

其实，现如今的语文课堂教学中也出现了各种各样的阅读交流活动，以期帮助学生提高阅读能力，获得阅读的方法。这种活动的出现有两种展开的形式。一种是教师指定阅读材料，每个学生在阅读的时候都要做读书笔记；一种是学生自行选定所阅读资料，阅读时候记录下自己的阅读体验。最后，教师给予每个学生三到五分钟的时间说出自己的心得体会或者自己在阅读过程中的疑惑,这样的阅读活动才是真实的阅读,才是用心的阅读,才能在阅读的基础上进行自我创新,对学生以后的口语、作文等都有很大的帮助。不管学生会不会阅读,阅读活动的不可替代性已经是不可争辩的事实。

但是,我们说的阅读并不是每天都抱着书本阅读并进行研究。那么,怎样才能够更好地进行阅读呢?王筠自己的经历就是很好的答案。王筠曾经自述,说他年少时候读诗赋、古文,学作诗填词,还对经学涉猎颇深,都是缘于自己的性格喜好。他的夫人不喜欢弹奏曲谱、作对吟诗,却偏偏喜欢在料理家务之外,时常静坐在书桌旁咬文嚼字,这也无形中影响到了王筠。王筠曾经说过,自己年近三十的时候读到《说文解字》感到很有兴趣,之后每见一本都会读一遍,再之后就专门进行研究了。

《说文解字》又叫《说文》,是世界上最早的一部字典,也是我国第一部按部首编排的字典。作者许慎在《说文解字》中提出了"六书"的造字法,即象形、指事、会意、形声、转注、假借,并在《说文解字》序中做了全面、权威的解释。历代学者对于许慎的《说文解字》都有许多研究,清朝时研究最为兴盛。段玉裁的《说文解字注》、朱骏声的《说文通训定声》、桂馥的《说文解字义证》、王筠的《说文释例》《说文句读》尤受推崇,四人也获尊称为"说文四大家"。其中,王筠的字学基础书《文字蒙求》,就是以《说文》为背景,从象形、指事、会意和形声四个方面来分析汉字构形规律的。这部儿童识字用书说解简洁明朗,是一本少见的少儿识字普及教材。其实,王筠的"说文"是后来者居上,在众多对《说文》的注疏中算是独树一帜的。

据《清史稿·王筠传》所述,王筠在30岁之时开始研读并着手著述《说文》,他另辟蹊径,不依傍旁人,因此常被人说是"许慎的功臣,段玉裁和桂馥的劲敌"。此外,王筠交游的人都是汉学圈里面的著名人物,我们所熟知的龚自珍也与这个圈子里的人有所来往。这些人都是博学之才,除了对文字、文学、汉文化有所研究外,他们多数人还精通金石学、音律和医学。他们时而坐而论道,时而把酒吟诗,时常书信来往,他们有相同的爱好、志趣以及抱负,这些都为王筠阅读其他著作和进行创作提供了弥足珍贵的资源。

王筠作品中的教育思想

其实,阅读是无处不在的,你在与他人的交流过程中其实就是在"赏读"这个人以及这个人的思想。阅读水平的提升除了跟所交友的圈子有直接的关系以外,也跟自身所处的文化环境有很大的关系。就拿王筠来说,他的父亲王驭超就曾经亲自编写《海岱史略》来教弟子。《海岱史略》是山东安丘的地方志。王筠自身也很重视地方文化,他对自己家乡的古今方言及其演变格外关注。最重要的一点是王筠一生除了致力于著书之外,他还藏书广泛。他曾说,如果子孙后代是贤德之人,这些书便可以多存几年,如果不是,这些书就只能是卖掉换钱的命运了。当然,他的子孙后代没有变卖其著述和藏书,除了在几次运动中部分被毁掉外,其余的都经几代人悉心收藏并完好保存了下来。

世人对王筠所著述的《说文句读》《说文释例》《教童子法》《文字蒙求》等推崇备至,一方面是由于在那个传统的封建社会中编著出的这样大众化、普及性的作品并不多,更何况当时人们还普遍学习这些书;另一方面是因为王筠的这些著作的确符合当时人们的需求,特别是《文字蒙求》一书,更是成为家喻户晓的儿童识字、认字的读物。

从王筠自身的经历我们不难发现,阅读不仅仅是在课内进行,让阅读与生活同在才是阅读的最终目标。要想实现这一目标,教师首先要有大视野,给学生介绍历史长河中有意义的作品,让这些作品引领孩子们的阅读之路。其次,教师要通过有效的指导阅读,接通课外阅读与课内阅读的联系,根据学生的实际情况进行大胆的创新阅读。最后,教师要明确读有用的书比读书更重要。所谓的有用的书不但指真实存在的书籍,还指发生在生活中的带有教育性的片段。教师要适时地抓住这些小片段对学生进行理性的点拨,让学生从小事情中读出大智慧。

王筠在《教童子法》中总结并创新了很多珍贵的语文教育教学的经验和方法,对于指导学生乃至教师克服陋习和不合理的教以及学的方法都有很深远的影响。他反对学生日复一日地对着课本进行机械式的阅读,他说学生会因为这样的读书学习而厌学,教师也会因为这样的教学而费心劳累却没有建树。王筠的语文教学思想影响至今,特别是他的《教童子法》在教育学界尤为推崇。汉语言文化的教学本身是一项博大精深的事业,它需要众多一线教师和教育教学人士的共同努力,特别是语文阅读教学,它是开启学生智力,激发学生兴趣的关键。因为阅读无处不在,只有不断地阅读才能适应社会的需要,才能提升自我。

总的来说,王筠所提倡的阅读教学观,像"识二千字,乃可读书""令其善疑,诱以审问""多读勤讲,岁无旷日""圈其所抹,抹其所圈"等都是针对当时科举考试的急于求成的阅读方法而提出的。他提出的阅读教学的方法和自读的方法,都是在顺应自然、顺应人性的基础之上来实施的。他的启发诱导法、因材施教法、强记法、连号法、圈抹法等读书方法值得我们当代教育教学界借鉴。

第四章

被认识的写作教学

《说文释例》（局部）

王筠作品中的教育思想

走进历史长河,我们可以发现,中国不仅是文明古国,也是文章大国,中国人写作的历史可谓源远流长。写作作为识字、阅读等学习形式的进一步发展和深化,历来受到古代读书人的重视,许多读书人都将其看作生活当中的头等大事。三国时曹丕在《典论·论文》中曾言:"盖文章,经国之大业,不朽之盛事。"把文章的写作抬高到了极致。隋唐以后,随着科举制的兴起,人们对文章的重视达到了前所未有的地步,正所谓"一篇文章定终身"。在长期的发展历程中,古人积累了许多行之有效的写作经验。荡去历史的蒙尘,我们可以发现它们在今天依然还有着鲜活的生命力,值得我们去发掘、学习。王筠作为清代著名的文字学家和教育家,也非常重视蒙童的写作教学,他在《教童子法》中所阐释的写作教学思想,诸如"先放后收""涵养诱掖"、从模仿中创新、"以圈为主"、重视口头作文等,涉及写作教学中的根本问题,对我们当前的作文教学有很大的启发和借鉴意义,值得我们去深究探讨,学习借鉴。

第一节　放之如野马,不受羁绊

王筠作为古代杰出的教育家,非常注重对蒙童的写作教学。他主张写作教学要尊重学生的身心发展特点和学习规律,主张作文的教学要由易到难。这相对于一些塾师在入学不久就要求儿童学习做文章,具有一定的进步意义和科学性。王筠认为作文教学要遵从学生心智的发展以及教学的规律,先从比较简单的属对教学开始,在属对教学的基础上进行相对较难的作诗教学,最后才开始学习写文章。

属对是一种集语音、词汇、语法甚至修辞、逻辑的综合性基础训练,它要求字数相等、结构相同、平仄相对、词性相反、修辞手法相同、逻辑关系相同等,是作诗、作文的基础。①王筠在《教童子法》中这样写道:"读书一两年,即教以属对。初两字,三四个月后三字,渐而加至四字,再至五字,便成一句诗矣。"这句话的意思是说蒙童在入学一两年后,在能掌握一定数量的字的基础上,便可以学习属对了。刚开始的时候学对一两个字的,三四个月后,渐而加到三个字,然后是四个字,等能加到五个字,便成一句诗了。

这句话道出了当时蒙师训练蒙童属对的一种重要方式——增字,从开始的一两个字逐渐增加至多字,逐渐向诗的形式靠拢,如"塞北"对"江南";增加至三个字,"眺塞北"对"观江南";增加至五个字"眺塞北风雪"对"观江南雨露";增加至七个字"远眺塞北风雪寒"对"近观江南雨露酣"。蒙师一般会随着学童对属对的掌握,慢慢增加所对的字数,一般会练到十几字对为止。如十四字对:"蔺相如司马相如名相如实不相如;魏无忌长孙无忌彼无忌此亦无忌。"又如十七字对:"二老海滨居一在北一在东不期同归西伯;八元应运出或为兄或为弟

---

① 耿红卫:《中国语文教育史教程》,济南:山东教育出版社,2013年版,第102页。

何意均成帝师。"①

蒙童属对训练到一定程度,习得多字对后,塾师便开始对其进行作诗、作文的训练,其中特别强调作诗的训练。古人认为,从属对直接过渡到作文对学童来说太难,故而他们把诗看作二者的过渡阶段。正如王筠所说:"(属对)至五字,便成一句诗矣。"作诗,从遣词造句而言近似属对,就立意而言近似作文,故当时的蒙学把学诗作为写作教学的一个重要内容。

王筠提倡学童在初学作诗时,要鼓励他们大胆尝试,不可用条条框框限制他们的思路,要培养他们作诗的兴趣。他在《教童子法》中提到"每日必使作诗……前既教以四声,此则不论平仄;前既教以双声叠韵,此则不论声病;前既教以属对,此则不论对偶,三字句亦可,四字句亦可,五句也算一首,十句也算一首,但教以韵部而已……以自由创作为主……"这段话的意思主要是说,每天都要让孩童作诗,鼓励学生放胆去想、去写。以前属对时如果已经教了四声,现在则不必讲究平仄;以前已经教给双声叠韵,现在则不必讲究声病;以前已经教给属对,现在则不必论对偶,三字一句也可,四字一句也可,五句也算一首诗,十句也可算一首诗,只教给他们韵部就行了。让学童根据自己的喜好来进行诗歌的学习和写作。这种采取"以自由创作为主"的作诗指导原则,倡导学生多作多写,对作诗的内容和形式都不加束缚,打消了蒙童对作诗的畏惧,可以激发其兴趣,可谓古代蒙童作诗教学实践中的有益尝试。

蒙师对学童诗歌的教学,往往是从属对教学的后期开始的,大致要经历立意选题、取材加工、炼字炼句、修改完善等步骤。对于一首诗歌而言,立意和选题往往会决定整首诗的格调,所以王筠非常重视诗歌教学中的这两方面。王筠在《教童子法》中写道:"诗题颇难,必古人集中所有之题,乃可使学子作。"意思是说诗歌的命题是很有难度的,一定得将古人作过的诗题集中,才能让学生去作。他以袁枚《随园诗话》记载的某人的诗集中有"书中干蝴蝶"一事为例,说明诗歌要从日常生活和眼前景物中立意取材,万万不可耳目闭塞,闭门造车。王筠还提出"咏物诗不宜多作",并用杜甫诗《花鸭》《苦竹》等诗作正例,说明咏物诗如果写

---

① 耿红卫:《中国语文教育史教程》,济南:山东教育出版社,2013年版,第129页。

得寓意深远,也是极好的。但如果作得像吴伟业的《桃核船》等诗,还不如不作。

文章的写作,是蒙童运用书面语言文字进行表达和交流的一种综合性思维活动,对蒙童具有较高的知识和技能要求。因此,王筠提出:"才高者十六岁可以学文,钝者二十岁不晚。"意思是说才能高的学生16岁就可以学着写文章,天资愚钝的人20岁开始也不晚。这对当时一些塾师在蒙童刚入学不久,就教其学做文章和八股文的不当做法给予了纠正。学童只有达到一定年龄后,心智才能不断成熟,视野和见识才能不断开阔,才能为他们正常的读书作文奠定一定的生理及心理基础。同时,蒙童通过对属对、作诗进行充分的训练,已经能够掌握四声、虚实、韵部、双声叠韵等一些文言知识和一定的写作技巧和方法,为学习写文章创造了良好的知识和技能背景。

为了激发蒙童写作的兴趣,充分发挥他们写作的积极性和创造性,王筠提出了自己的作文教学主张。他在《教童子法》中提道:"作诗文必须放。放之如野马,蹚跳咆嗥,不受羁绊,久之必自厌而收束矣。此时加以衔辔,其俯首乐从。"这句话的意思是说"学生刚开始写诗文时必须不加约束。放开他们使之像野马一样,踢踏、跳跃、咆哮,不受羁绊,时间长了必然自己就厌烦而想要被约束了。这个时候给它加上衔头和辔头,就会低下头很乐意地顺从。"王筠在这里拿驯马做比喻,提出了在作文教学中著名的"先放后收"的指导原则。他认为蒙童在初学作文时,一定不要给他们设置太多要求,要帮助他们打消对作文的畏惧心理,鼓励他们大胆去写,尽情去发挥。等到他们懂得一定的文法知识后,再引导其学习当时名家的技巧、辞藻,学生必俯首乐从,最后达到精练、严谨的要求。

"先放后收"中的"放",意味着不加约束,包含着追求创新、追求个性、追求自由等意思,放到写作教学中,就意味着书写要思维开阔、张扬个性、自由创新。王筠主张的"放",主要是针对蒙童说的。因为,处于青少年期的蒙童,其心理特点、性格特征等正好与"放"合拍——此时的他们精力充沛、思维活跃,对世界的认知和感受不断增加,加之他们的社会生活阅历较浅,极易形成奔放率真的性格,让他们放开手脚不受羁绊地为文作诗,不仅符合他们的个性特征,还可以开阔他们的胸襟。

王筠作品中的教育思想

在王筠生活的时代,许多蒙童都将读书作文看成是苦差事,是不得已而为之的事。这和当时的社会背景有很大的关系,这一时期处于封建社会的末期,科举制度和八股取士是当时统治者选拔人才的重要途径。教师为了能够让"子弟为鼎甲",登科入仕,用"夏楚"二物逼蒙童苦学,根据科举的要求用八股时文来限制蒙童的写作思维,把蒙童看成可以任意驱使的"猪狗",将学生放到被动的地位。对读书作文的训练,蒙童们必须按照教师提出的种种要求去准备,选择什么类型的素材、什么样的文体、用什么方法开头和结尾、选用哪些修辞,都限制得死死的。教师围绕着科举转,学生跟着老师转,考什么便训练什么,不考的则不练。此时的写作之于学生,完全不是为了表达自己和与人交流,而成了一个取得功名的工具。学生写作的主动权被剥夺殆尽,苦不堪言,完全体会不到写作的乐趣。这种现象受到了王筠的极大批判,因为他认为"初学文……以放为主,越多越好……"教师如果在作文教学之初,给学生自主权,让学生放开去写,写他们想写的内容、想说的话、想表达的感情,纵然写得俗一点、野一些,那毕竟是他们自己乐意的,是兴之所至的。

其实,不仅是刚开始学习写作的蒙童,对于有一定写作基础的人来说,也都有强调"放"的必要。因为,这一阶段的创作者最容易产生惯性思维,进而缺乏求异思维、创新思路和鲜活个性。比如,南北朝时期的庾信,前期的文章绮艳华丽,讲究声律辞藻,注重规矩绳墨,因而成就不高,遭遇亡国之变后,他内心受到巨大震撼,后期的诗文多抒发亡国之痛,反映人民的疾苦,并接受北朝浑灏劲健之风,为文倾向于雄健豪放,因而得到杜甫"庾信文章老更成,凌云健笔意纵横"的赞誉。

从上面真实的实例中我们可以看出,作文写作如果没有主动性,就没有积极性,更谈不上创造性了。教师作为学生写作的直接指导者,如果能够放手,在恰当的范围内采取"放"的方式,给学生以自由创作的空间,学生才能有主动权,有积极性,才能有活力,才可有望发展与突破、创造与脱颖,实现写作教学的真正目的。

"放"的作文教学方式,不仅对学生是极其有利的,对于教师,也是益处颇多的。《孙子·谋攻》中说:"知彼知己者,百战不殆。不知彼而知己,一胜一负。不知彼不知己,每战必殆。""知彼"就是了解对方情况。在作文教学中,教者要了解和掌握学生的作文情况,必须首先放开让学生去自由挥洒,去涂鸦。正如要教学生学游泳,必须先让学生下水"蹑跳"以便观察情况,针对具体情况制订教学计划。如果不敢让学生下水去"蹑跳咆哮",去自我表现,是无法了解和掌握学生作文的真实情况的。教者放开学生的手脚,让他们先去满纸涂鸦,下水去尝试,虽免不了要呛几口水,写得不像样子,然而教师毕竟可以从这满纸的涂鸦中了解和掌握学生到底是布局上存在的毛病、语言表达的问题,还是生活体验不足引起的,等等,从而有的放矢地采取措施,加以引导,将学生引到写作的正路上来。

王筠认为,好的作文教学,不仅要有"放",还要有"收"。他在《教童子法》中说:"(放)久之必自厌而收束矣。此时加以衔辔,其俯首乐从。"所谓"收",就是在蒙童懂得一定的文法知识后,给学生"加以衔辔",引导其学习作文的规律和技法,用规范的文体来作文,最终达到精练严谨的作文要求。"收"对于蒙童来说,是一种必然的发展过程,是"久之必自厌而收束矣"的必然结果,是蒙童由不主动到主动、不自觉到自觉的发展趋势,而非外加之力。

主张作文教学要遵循"先放后收"教学原则的,并不只有王筠一个人。前面提到的南宋诗人谢枋得的《文章轨范》就是根据先"放"后"收"的作文指导原理编写的。这部书共有两部分,前半部分是"放胆文",后半部分是"小心文"。并在"放胆文"引言中写道:"凡学文,初要胆大,终要小心。由粗入细,由俗入雅,由繁入简,由豪荡入纯粹。"大文豪苏轼在其《与侄简书》中也写道:"凡文字,少小时须令气象峥嵘,彩色绚烂。渐老渐熟,乃造平淡。其实不是平淡,绚烂之极也。"人在年少的时候,作文多意气风发,放浪形骸,不拘一格,尽情地展现自己的才华,不断尝试文章的各种写法,使文章看上去绚烂多彩。但随着年龄增长,阅历丰富了,文章技法也娴熟了,文风则往往会由"放"转为"收",即所谓洗尽铅华,回归本真,向着淡而有味的方向发展。

正如王筠在《教童子法》中所举乾隆时期诸城王木舟先生的例子。王木舟先生,14岁刚进入学堂时,文章能写一千多字;等到他18岁参加乡试并取得第四名的好成绩时,文章写了700多字;而他40岁中会元时,文章写得还不到六百字了。这就是"放极必收"极好的证明。其实,对蒙童来说,在蒙师那里取得

"放"的主动权之后,经过"放言高论""踉跄咆嗥"至"自厌而收束"。正如学游泳。先让学生下水学狗刨,从而去掉其畏惧心理而使其产生兴趣。待他们在水中"踉跄"的次数多了,累了,于是他们就不再满足于这种单纯的狗刨式,就要动脑子,就要羡慕别人那种轻松自如的游法,就要去求人教,请人来纠正自己的动作了。学生作文亦如此。经过了教师"放"后的自由挥洒,感到不窘束了,随着各方面知识的增长,他们就会越来越不满意自己的涂鸦之作,不满意"粗""俗""繁""豪荡"的水平,自觉产生"由粗入细,由俗入雅,由繁入简,由豪荡入纯粹"的愿望和要求。①

纵观来看,王筠虽没有具体说明蒙童在什么年龄需要"放之如野马",需要写"放胆文",怎样写"放胆文",又到什么年龄、什么程度需要"加以衔辔",需要写"小心文",如何写"小心文",但是,他所倡导的先"放"后"收"的习作程序,却比较科学地揭示了儿童学习作文的一般规律。初学者由于不会作文,难免有畏惧情绪。这时如果鼓励他们尽情去想,放胆去写,直抒胸臆,畅所欲言,他们自然会打消原来的畏难心理,逐步提高习作的兴趣与信心。这阶段文章的文字形式可能较粗俗,但内容却会比较充实、丰富。如果在这个基础上再因势利导地教给儿童严谨的习作方法,他们就会从"必然王国"走向"自由王国",逐步进入作文的门径,掌握作文的规律,这无疑对我们当前的作文教学具有很大的现实意义。

---

①陈浙生:《放收结合,培养学生独立作文能力》(上),《十堰大学学报》(综合版)1991年第1期。

第二节 涵养诱掖,待其自化

如果说"先放后收"是王筠作文教学的指导原则,那"涵养诱掖,待其自化"则是其针对写作教学中的两个主体——教师和学生,做出的具体要求。文章的写作,属于蒙童学习的高级阶段,对他们的知识储备、思想情感、思维发展、语言表达等方面都有着极高的要求。王筠作为古代很有革新思想的教育家,他通过自己的语文教学实践,认识到蒙童如果想要写出比较出彩的文章,不仅需要教师给予正确的引导,也需要学生不断地涵养自身素质,锻造自身知行素养方面的硬功夫。

王筠在《教童子法》中写道:"且弟子将脱换时,其文必变而不佳,此时必不可督责之,但涵养诱掖,待其自化,则文境必大进。"意思是说蒙童的写作在从放到收的"脱换"过程中,他的文章不可避免会变得不好,这时蒙师一定不要督促责骂学生,只需要给他们以正确的培养、引领、指导,等他们自己化育,到时文章境界必然脱胎换骨,大有长进。并以蚕作喻,"其初一卵而已,渐而有首有身,蠕蠕然动,此时胜于卵也;至于作茧而蛹,又复块然,此时不如蚕也;徐俟其化而为蛾,则成矣。"蒙童刚刚开始学写文章的时候,只能写出一段文字,随着自身对写作的不断学习、了解和掌握,慢慢地就可以写得长一些了。就像蚕一样,一开始只是一个卵罢了,渐渐地有了头和身子,蠕蠕而动,这个时候就比卵强了。等蒙童的写作到了脱换阶段,需要经历一个从能写、会写到写好的转换过程,就像蚕作茧成为蛹的阶段,又再次成为块状,这时就不如蚕了。这个时候就要靠蒙师采取恰当、合理的方式对其进行点拨、指导,蒙童要在教师、长辈的指导下,结合自己的写作实际及多方面经验的累积,吸取他人的观点,不断地进行尝试、修改、完善,最终破茧成蝶,取得成功。

俗话说:"师傅领进门,修行靠个人。"在作文教学中,教师作为学生写作活

王筠作品中的教育思想

动的组织者和策划者,在教学中发挥着极为重要的主导作用,其教学思想、教学方法、行为策略等因素都会直接影响教学的成效,对于优化作文教学效果、提高学生作文水平有着至关重要的意义。

在作文教学中,教师本人应该充当怎样的角色,怎样给学生相应的指导呢?这应当是每一位有教育理想的教师首先要思考的问题,它反映了教师对教学的认识,体现了其教学理念。传统的教学弊端集中体现在教师对其角色认识的模糊不清上。王筠在《教童子法》中对这一现象提出了批评。他指出,在当时的塾师教育当中,有相当一部分的庸师,在学生刚开始入学的时候,"视为废才,到十三四岁,则又视为天才"。这些教师对自身作为教者的身份角色认识不清,在作文教学中充当的是指使者,而不是引导者,不能起到很好的主导作用,不能根据学生每个年龄段的特点进行教学,把学生看成了可以任意驱使的工具。

这些庸师在学生刚开始读书的阶段,"不取其多""不取其熟""不取其解",他们不让学生多读、熟读,也不进行讲解,只是念藏经罢了,这是把学生当成"废才"了。"忽然十余岁,便使之作文,岂有生而知作文者乎?"前期不让学生为学习作文打下基础,等到学生到了十多岁,忽然就让学生学习写文章,哪有生下来就知道如何写作的人?这是又把学生当成是"天才"了。他们完全忽视了学生学习写文章的规律,只凭自己的经验任意驱使学生,挫伤了学生对写作的兴趣和热情,耽误了学生写作水平的提高。

然而,这些老师在教学生学习文章时,就又把学生当成了"废才",让学生读"二十艺""三十艺"。还处于蒙童期的学生初学经文,因其晦涩难懂,不好理解,所以教师要做适当的讲解。但这些教师只注重学生的背诵,不注重其理解;只注重注入,不注重启发。这种呆板的教学法,严重抑制了学生对文章的兴趣和了解、学习的欲望,使文章变成如同"藏经"一般的东西。无怪乎王筠在《教童子法》中高呼:"(学生)以一字不讲之胸,即读俗不可耐之文,庸能解乎?费尽师傅蛮力,使之能解,钝者终身于此,芹不可掇;敏者,别读佳文。夫费数年之功以粪浸灌其心,又费数年之功以洗濯其粪,何如不浸而无庸洗之为愈乎!"意思是说这些庸师们,对那些晦涩难懂的经文,不向学生做出相应的讲解和指导,就让学生来读一些俗不可耐的文章。学生那未经教师讲过的内心,哪能理解它们呢?即使他们费尽了蛮力,让学生理解了,愚钝的学生终身也就停滞于此了,一无所获。聪敏的学生,则另外再去选些好的文章来读。这些庸师们,费几年的工夫用粪来浇灌学生的心灵,之后又费几年的工夫来洗去其心灵上的粪土,还不如当初不浇灌,现在也不用给他们洗了!这些不注重教学方式、教学内容的庸师、愚师,会使愚钝的学生终身无所获,使聪颖的学生走弯路,实在是误人子弟,害人不浅!王筠站在对学生成长发展负责的高度上,对这种做法给予了否定和指责。

这些对自身在作文教学中应扮演什么角色不明确的庸师们,不能很好地掌握教学规律,他们完全按照自己的意思去指导学生读书做文章,将自己的意愿强加给学生,忽视学生身心发展的特点。在学生应当读书的年纪,他们不让学生多去读一些经典的文章,对那些晦涩不好懂的地方又不勤给学生讲解,却一再地用八股时文来乱充经典,以至于让文章扯了学生读书的后腿;应当让学生学习写文章的时候,他们又让学生去念经书,却依旧不要求学生熟读,不针对学生所读的文章进行讲解,没有好的阅读材料,却又想让学生温习,又造成经文扯了学生写文章的后腿。"意不两锐,事不并隆,何如分致其功之为愈乎!"一心不能二用,两事不会同时兴隆,为什么不分别对其下功夫呢?这么一个简单的道理,这些庸师们似乎并不以为意,以至于对学生此后的发展造成了很大的消极影响。

"佳子弟多有说不出口底苦",好学生大都有说不出的苦处,在他们上学的时候,他们的老师、父兄对他们的教育大都是围绕着八股文这根指挥棒转,不注重对他们语文知识的培养,不提倡他们博学多闻,也不让他们早早地读史书和《文选》。以至于他们参加科考功成名就之后,向君上陈述奏进时,只能按照八股文的写法,不能很好地表达自己的看法;等到和众人一起宴游赋诗时,只能作一些"排律嗫嚅之词",不足以表达自己的情感;更有甚者,"不知诗、经文,或作赋,或作四六,皆才人之笔,而以为文体不正"。在这种情况下,如遇到懂的人,他们就要贻笑大方了。王筠针对当时的庸师、父兄们不知早教学生以古文,而多选用八股时文浸润学生的大脑,致使学生奏事不能达其所见、作诗不足道其情、用典不知何处检的世风进行了大胆的批判,对当时的蒙童教育有很大的革新意义。

有经验的语文教师在面对写作教学时,都明白一件事,那就是要想让学生对写作有兴趣,要培养学生的写作能力,首先要注意所写作文,须是学生熟悉的内容,使他们有话可说,有东西可写,跟他们的生活贴近。正如《义务教育语文课程标准(2011 年版)》中所提到的要让学生"多角度观察生活,发现生活的丰富多彩,能抓住事物特征……表达力求有创意"。在作文教学中,教师要从学生的角度出发,让学生写的东西一定是他们所熟知的,是与他们的生活息息相关的,可以通过所写内容表达自己对生活的观察和体悟。王筠作为语文教育的实践者,就认识到了这一点。他在《教童子法》中所提到的两种作文命题的方式,均体现了上述理念。

王筠比较认同的第一种作文命题方式是清代书法家何绍基教子侄时所用的方法:"题目皆自撰,以目前所遇之事为题。"教师给学生作文命的题,切不可超出学生的生活范围,要让他们能够直接从观察入手,从亲身经历的事物出发去积累写作材料,写他们所熟悉的生活,这样可以提高学生写作的兴趣,使文章内容更为丰富。因为熟悉,学生才会写出真情实感,"自道其所得",不讲空话、套话、现成话,否则便会"如随风败","不但与身心性命、国计民生,全没交涉。即用为谈资,亦令人欲呕也"。

王筠所认同的第二种作文命题方法则是"所读之书,无往非题"。若当下题目比较难得,王筠认为可以从阅读材料中汲取养料,像《昭明文选》中咏史的篇目就可以用来教学生,可以从中找到合适的诗文题目。

同时,王筠还对当时一些庸师在作诗教学命题中存在的问题提出了直接的批评,"所读之书,无往非题矣。咏物题太小,与画折枝草虫一般,枉费气力"。那些庸师、愚师选那些偏窄、偏难的题让学生去作,会白白浪费学生的力气,还不利于学生多角度地观察生活、反映生活。教师给学生命题,应讲究实用性和目的性,不可只讲究形式,不求实用。这也是王筠所提倡的,所以他反对"作诗必律,律又多七言,七言又多咏物,通人见之,一开卷便是春草秋花等题目"。

从王筠的教学经验来看,在我们当前的作文教学实践中,教师要根据学生的思维发展特点来进行命题。我们都知道,中小学生生活的中心是学习,他们熟悉的也是自己身边的人和事,随着他们年龄的不断增长,身体、心理的变化,思维也在不断地发生变化,反映在写作中就是关注的中心也是不断变化的。在小学的第一、第二学段,孩子们在初学作文的时候,可以先让他们从自己的生活写起,引导他们去观察和留心身边的人和事,因此教师可以命题《我的爸爸》《一件难忘的事》等;在小学的第三学段,学生对自己的学校生活有了更多的了解和熟悉,可以写自己身边的同学和老师以及彼此之间发生的事情,如《春游》《我们班的班长》等;等到了第四学段,学生在初中阶段,能够对生活有多角度的观察并形成自己独特的感受,可以命题《这就是幸福》《我的独白》等;等到了高中的时候,学生的写作则多偏重人物性格的多样性,且能较客观全面地分析问题,可命题《不活在别人的眼光里》《不要轻易说"不"》《各有各的精彩》等。[1]

王筠在《教童子法》中还提到了作文训练的两个"救急良方",其中一个是多记诵一些范文。他在文中举了一个同乡秀才的例子:"家贫,须躬亲田事,暇即好樗蒲,然其作文则似乎不释卷者。或问其故。则曰:'我有二十篇熟文,每日必从心里过一两遍。'"意思是说这个秀才家境贫寒,平时需自己下田劳作,空闲的时候喜欢掷色子,但是写文章的时候却挥洒自如,像是经常读书的人。问他原因,他说是这是因为他熟记了二十篇文章,每天都在心里过一两遍。记诵范文,对于学生学写文章的初级阶段有重要意义。记诵范文的好处是为学生的写作提供了好的模仿蓝本,经常对范文进行反复的思考、体会,学生可从中学到许多的写作技巧,诸如谋篇布局、遣词造句等,这些可以使得学生的作文能力得到迅速提升。

王筠所谓的第二个作文训练的"救急良方"便是多进行课外阅读,积累素材。广博的素材是学生进行写作的基础。王筠在《教童子法》中说:"须选文令学生能多看",空闲的时候教师要向学生"日告一事",给学生讲一些"死典故"和"活典故"。所谓"死典故"就是指一些文学常识、历史知识等,这些可以开阔学生的视野,培养他们识记的能力,为他们日后的写作打下基础;而"活典故"则是一些典故故事等,这方面的东西可以培养学生解决问题和发展思维的能力,并且很多的典故故事都可以成为学生文章的素材。

学生想要写出流光溢彩的文章,除了需有教师的正确指导外,还要自己能够

---

[1]侯春梅:《王筠〈教童子法〉与语文教育实践研究》,硕士学位论文,河南大学,第19—21页。

融会贯通,深刻理会。如王阳明所说:"学问也,要点化但不如自家解化者,自一了百了。不然,亦点化许多不得。"①意思是说学生做学问需要教师的启发诱导、引领点拨,但更为重要的是学生能在教师指导的基础上独立思考,分析解决问题。学生只有充分发挥自己的创造性思维,培养自身的独立研究和发现真理的能力,才可以一了百了,无须事事都要老师点化,而实际上教师也不可能事事都点化学生,给予指导。这和王筠所说的"涵养诱掖,待其自化"有异曲同工之处。学生作为写作的主体,在写作过程中除了接受教师必要的指导外,还需要充分发挥自身主体性的作用,"自家解化,一了百了"。

王筠在《教童子法》中写道:"沂州张先生筠之父执李荆原(名映轸),先生师也。尝言从学时,每日早饭后,辄曰:'各自理会去!'弟子皆出,各就陇畔畦间;比反,各道其所理者,何经何文,有何疑义,张先生即解说之。"意思是说沂州张先生在教学时,每天早上吃过早饭后就对学生们说"各自理会去"!学生就都走出学校,"各就陇畔畦间",等到回来的时候,就会将"其所理者何经何文,有何疑义"等内容,一一告之于他,他则当即给学生解答。这样有针对性的教学,充分发挥了学生学习的主动性,让他们自己在学习和思考的过程中先"自家解化",消化所学知识,发现问题,探究问题,然后再将有疑惑和不懂的地方与教师交流讨论,教师与学生共同探讨,从而达到教学相长的效果。

总而言之,王筠认为在写作教学当中,学生不仅需要教师的正确指导与引领,还要能够将教师所教之法运用到自己的写作实践当中,充分发挥自己的"解化"作用。教师将作文的步骤与章法一步步教给学生,学生通过学习和训练,在生活中观察,在阅读中积累,在锻炼中熟悉,在思考中提升,将教师的教转换成自己的学,进而提升自己的写作技能。正如游泳一样,光听教师在岸上说教和比画并不能真正地学会游泳,学生只有亲自下水,感受水的深浅,结合自身的条件素质,灵活选择相应的对策与技术,才能体会成为"飞鱼"的得心应手与快乐。

---

① 肖旻:《王阳明道德教育思想初探》,《船山学刊》2006年第1期。

第三节 拾人牙慧,学时文皮毛

一个人从母腹里出生到牙牙学语,从懵懂无知的幼童到长大成人,几乎在人生的每个发展时期都在有意无意地进行着一种行为——模仿,我们学走路、学说话、学穿衣,一直到学骑车、学滑冰,都是从模仿开始的。古希腊哲学家德谟克利特说过:"在许多重要的事情上,我们是模仿禽兽,做禽兽的小学生。从蜘蛛,我们学会了织布和缝补,从燕子学会了造房子,从天鹅和黄莺等歌唱的鸟学会了唱歌。"模仿,是人类学会做事情的主要方式方法,是一个人学习过程中必然经历的阶段。[①]

古人通过多读多写多练,来把握汉语言的规律和技巧。多读多写多练的开始,就是一种模仿,习字时需要临摹名家,作诗文亦要模仿名家。而且儿童的模仿能力很强,在其开始学习写作之初,有一范式供其模仿,对习得诗文的章法有事半功倍之效。王筠作为清代有名的文字学家和教育家,当然也认识到模仿在学生写作中所起到的重大作用,他在《教童子法》中写道:"初学文者,大题当读小名家……小题则必读大家,省了诸般丑态,又不可用此法也。"王筠认为模仿就要注意挑选于己有益的名家,挑选科学的选本,并认为此理与习字同。挑选模仿的文选时,王筠指出应选泾渭分明之本。《程墨所见集》中有"今人不肯用,但看其文,知其路径,得其皮毛,是以标异矣"。选本好则可从中受益匪浅,"虽不能学,然亦必无肤泛语矣"。

模仿最重要的是能推陈出新,在模仿借鉴的基础上融入自己的东西,切忌生搬硬套。范式只是一种规矩,并不意味着模式化。王筠在《教童子法》中举例说,

---

[①] 范义勇:《模仿式写作在中学生写作中的意义——作文有效性教学问题探讨》,《学园》2013年第8期。

王筠作品中的教育思想

泰安的赵仁甫和济宁知州徐树人刊印时文以备学子宗法,泰安人以其为式,"以致数十年无捷南宫者"。这个刊本都是成宏体,成宏体"文无支蔓,规矩易见",赵、徐二人本想"使子弟知题有种族,即各有作法,不致临时惶恐",然乡中子弟习此,竟数十年无一人能科举得意。"得规矩而失其巧""可谓痴绝"。王筠说:"规矩者,巧之所从出也。"提供范式作为规矩,"欲其穷思毕精,驰骋于规矩之中,非欲其憔悴枯槁,窘束于规矩之中也"。蒙童读书作文应能从规矩中学,亦要从规矩中出巧,推陈出新,不能为范式所累。王筠的这种从模仿中学习、从模仿中创新的写作教学思想对当今的作文教学有着积极的借鉴意义。

王筠在《教童子法》中所提到的"初学文者,大题当读小名家……小题则必读大家",这种从模仿中学习写作的作文教学方法,放到今天来看,也具有相当的科学性,因为他认识到了生理因素对学生写作的意义。

现代教育学与心理学研究表明,喜欢模仿是儿童的一大特点。孩子从出生到一岁大的时候,就能够模仿简单的声音和动作。到了两岁光景的时候,能模仿复杂的动作。到三四岁的时候,他们的模仿能力发展得更快了,他们开始模仿大人们的社会性行为,并且可以把行为协调起来进行系列模仿,此时儿童选择性地模仿,基本集中在对父母行为的模仿上。处于八九岁这一阶段的儿童,其模仿性明显增强,其经验技能的获得、口语表达、发音和学习外语以及人格的社会化,无不以模仿为手段、捷径。教师对学生这一阶段的作文教学,可以适时地抓住学生善模仿的心理特征,用范文引导他们进行作文写作,清晰地告诉他们某一类题材、某一种文体的作文该写什么和怎么写。让他们通过仿写,在较短时间内看到自身的劳动成果,增强自信心和对写作的兴趣,激发他们的习作热情。等到十六七岁的时候,则是他们二次模仿期的高峰时期。这个年龄段在当今称为青少年时期。处于青少年时期的学生其思想处于由不成熟向成熟的过渡阶段,他们的自觉性、独立性和逻辑思维能力明显增强,抽象思维概括能力进入一个较高的层次,对事物的认识也更深刻了,他们逐步喜欢模仿成年人思考问题和处理问题的立场、观点和方法,喜欢探求人生奥秘。此时青少年所具备的这些素质和能力,表现在作文上,就是要求独立作文,充分表达自己的思想,要求文章具有更强的概括性和更严密的逻辑性。无怪乎,王筠在《教童子法》中写道:"才高者十六岁可以学文,钝者二十岁不晚。"

在模仿中学习写作,还可以帮助学生消除对写作的畏难心理。在很多时候,学生对于写作都是有畏惧心理的,他们会把作文等同于文学创作,在内心将写作拔得很高。其实,作文的写作和文学创作是有很大区别的。叶圣陶先生讲过:"语文课令学生练习作文,唯求其能将所知之事,所思之意念,以书面语言写出之,确切明白,无误无赘。此是毕生所需用,非学好不可。至于吟诗作歌,撰写小说戏剧,学生苟有兴为之,教师亦宜予以鼓励,然非语文课之学习标的也。"[①]所以说,学生的作文写作,是以练习一般的书面语言表达的规范和能力为目的,而不是要掌握文学创作能力。作为教师,面对学生这种有意识或无意识存在的畏惧心理,当然要帮助其克服。靠放任自流的自由写作和毫无章法的自主训练,是不可能真正提高学生的写作水平的。教者只有明确学生的实际写作水平,采取切合实际的训练方法才能让学生变"怕写"为"爱写",变"不写"为"常写",变"要我写"为"我要写",而模仿则是一种有益的训练方式。正如钱梦龙先生所言:"学生学习作文,是一种书面形式的学话,起始阶段适当进行模仿也是必要的。一句话该怎样写,怎样连句成段、构段为篇,怎样写清楚一件事,怎样阐明一个观点,初学作文的学生,在这些问题面前往往手足无措。在这样的情况下,模仿一篇范文,有时比教师喋喋不休地讲十遍'应该怎样写'效果还要好些。"[②]

此外,在学习写作的初级阶段,从模仿中学习也非常符合写作教学的规律。蒙童在学习写作过程中,教师如果能够给学生提供一些范式供其模仿,可帮助他们快速掌握写作要领,习得诗文的章法。其实,走进古今中外文学史,细细读来,我们可以发现模仿的例子是不胜枚举的,很多文人都深谙模仿之道,他们常将别人的语句拿来,经过加工,提炼成为自己的东西,甚至成为千古名句。朱作仁先生说:"没有模仿、借鉴就没有创造,模仿是创造的基础。在模仿、借鉴中不断增加创造因素,在创造中难免留有模仿的痕迹,即使文学大师也不例外。"

西汉著名文学家、语言学家扬雄说:"能读千赋,则能为之。"他本人也以善于模仿出名。他早年极其崇拜司马相如,曾模仿司马相如的《子虚赋》《上林赋》,作《甘泉赋》《羽猎赋》《长杨赋》,故后世有"扬马"之称。在散文方面,他则模拟

[①] 叶圣陶:《叶圣陶语文教育论集》(上册),北京:教育科学出版社,1980年版,第171页。
[②] 钱梦龙:《一条读写结合的"链索"》,《中华活页文选·教师版》2009年第9期。

王筠作品中的教育思想

《易经》而作《太玄》，模拟《论语》作《法言》等。唐代诗人杜甫写道："读书破万卷，下笔如有神。"连主张"惟陈言之务去"的唐宋八大家之首的韩愈也不得不承认，自己"窥陈篇以盗窃"。北宋江西诗派的开创人黄庭坚也说得明白："老杜作诗，退之作文，无一字无来处；盖于翰墨，如灵丹一粒，点铁成金也。"宋代欧阳修讲："作诗须多诵古今人诗。不独诗尔，其他文字皆然。"宋代大学者朱熹说："古人作文作诗，多是模仿前人而作之，盖学之既久，自然纯熟。"吕叔湘先生说："一个人的学习是从模仿开始的。"张志公先生说："模仿是写作的必由之路。"茅盾先生说，"模仿是创造的第一步"，模仿又是"学习的最初形式"。[①]

以上古今学者都对模仿在写作中的作用给予了肯定和重视，也从某种程度说明了：模仿可为写作的快速入门打下基础，也可为文章的创新提供前提、保障。教师可以通过模仿教学激发学生思维，为他们的写作提供思路，训练他们观察、联想和想象等方面的能力。唯有如此，方能从根本上提高学生的习作水平。学生也通过模仿，在写作中完成一个从"无我"到"有我"的转变过程。学生在经过了"依葫芦画瓢"的临摹阶段，写了大量的"葫芦文""学舌文"之后，吸收他人写作中优秀的东西，由量变引起质变，然后再从事自己的言语创造，在模仿中学习，在模仿中创新，从而写出有自己语言风格和个性的文章和作品。

王筠认为，成功的模仿大致要经历一个从"无我"到"有我"的转变过程，切不可在"无我"阶段停滞不前。"无我"就是在写作中，克服自己自由奔放的文体，按照一定的范式和规则，做到文从字顺地抒写，提高写作修养。"有我"就是在"无我"的基础上，将别人的学识神理变为己之学识神理，巧将他人的妙词佳句化为己出。"无我"是学谁像谁，"有我"是学谁但不同于谁，而且有自己的东西在里面。要达到这个水平，必须从"无我"起步。模仿有多种形式，也有高低难易之分。唐代著名诗僧皎然在他的诗歌创作论著《诗式》中说："为诗有三偷……其上偷势，其次偷意，最下偷语。"偷势，即模仿结构布局风格；偷意，即模仿意旨主题；偷语，即模仿佳词佳句。他的"三偷"理论放到写作教学的模仿训练中，同样是颠扑不破的箴言。

[①] 邓集伟：《"模仿、借鉴、创新"作文教学模式与实践策略应用研究》，硕士学位论文，湖南师范大学，2012，第11—12页。

"偷语",是进行语言的模仿,这是学生最容易掌握,也最容易模仿到的。精妙的遣词造句、行云流水的语言,毋庸置疑,可以增强文章的表达效果。学生在写作时,可以通过模仿他人表情达意的方法、遣词用语的方式来提高自身语言的感受力和表达力。如唐代王勃《滕王阁序》中的"落霞与孤鹜齐飞,秋水共长天一色"非常绝妙,其实这句是从庾信《马射赋》中"落霞与芝盖同飞,杨柳共春旗一色"模仿而来的。但王勃在模仿的基础上却有了创新,所以他的文章能流芳百世。

"偷意",是属于高一级的模仿,就是要学习他人立意构思、意旨主题等方面的优点,模仿别人文章的选材和立意,用以训练模仿者的选材能力。正如韩愈所说,学习古文要"师其意,不师其辞"。如胡适在"易卜生主义"影响下发表的第一个剧本《终身大事》,从题材、主题到结构的安排,都明显地模仿《玩偶之家》,创作模式上基本上模仿"娜拉"的出走,形成结局都是主人公"离家出走模式"。

完美的"偷势",需要模仿者能够从范文的布局结构、表现风格等方面进行全面性的模仿。合理的布局能使文章的内容和形式达到完美的统一。如现代文学史中"山药蛋派"的代表赵树理,他的小说创作在布局结构上就对民间曲艺艺术的结构进行了模仿,他继承我国古代小说和民间说唱艺术的传统,注重故事情节的连贯性和完整性,一般采取按情节顺序开展、层层递进的方法安排小说结构,在布局模仿上取得了巨大成功。

学生在学习这些从低级到高级的模仿时,一定要将自身的思想、情感和生活体验等融入其中。王筠所赞成的是"欲其穷思毕精,驰骋于规矩之中,非欲其憔悴枯槁,窘束于规矩之中也"。直接搬用他人作品中任何一种高超的写作技巧,这样的写作实际上已经不是自己的东西,作品内容不真实,反映的写作能力也不真实。模仿固然是一条有效的学习写作的途径,但倘若你在某个领域达到了一定功力,具备了创新的实力的话,你再亦步亦趋,蹈袭前人,那么你将画地为牢、作茧自缚,你的创造能力将在温柔的模仿中被扼杀。模仿需讲究适度,过犹不及,过度模仿就失去了模仿所具有的功能和意义。模仿肯定不是目的,模仿的目的在于不模仿,在于创新。模仿只是我们学习写作过程中的一个阶段,最终还是要立足自己的实际经历、体验和自身的思想情感等,体现出自己的东西。

当然，创新不是盲目地标新立异，天马行空，让人不知所云，而是应该以科学和社会规范为准绳，切不可忽视作文的原则和生活的真理。在当下，一些学生的作文为了与众不同，在文中多使用一些生词僻语，其文章写得晦涩难懂；更有一些同学想要显示自己的文学功底，卖弄本领，以文言文写之；更有甚者，还在文中夹杂着一些让人看不懂的"火星文""密电码"，或者网络词汇、外文单词……不明白他们用这些是隐喻、联想、象征，还是反传统、反规范的新发明。这些文章读下来，或是语言不顺，或是表意不明，大都只是为了哗众取宠，并没有真正理解创新的要旨所在。

总体来说，王筠认为蒙童学习写作，应该走从模仿到创新这样一条捷径。在写作训练中，要以模仿为起点，"知题有种族，各有作法"，为创新打下坚实的基础。但不可一味地在模仿的轨道里原地踏步，以模仿乱真，止步于"拾人牙慧，学时文皮毛"。正确的做法是把握好"模仿"与"创新"的度，做到边"仿"边"创"，"仿"中有"创"，既要重视模仿，又要注意创新，要做创新的主人，不要成为模仿的奴隶，要敢于从模仿中跳出来，另辟蹊径，自成一格。

第四节 少改易之,以圈为主

有一句教育名言:"要让每个孩子都抬起头来走路。"这句话的意思就是要让每个孩子充满自信地面对未来和所要做的事情。自信以一定知识、技能或能力为基础,表现为能符合实际地判断自身的能力,在面临新任务时,始终不怀疑自己的能力和价值,能自觉地矫正缺点,纠正错误,敢于尝试和努力。[①]缺乏自信的学生,对待需要完成的学习任务或事件,往往会妄自菲薄,悲观失望,过多地害怕失败,担心结果不如意。因此,学生这方面的诉求表现在作文教学中,就要求教师根据学生自身的实际制订合适的学习目标,以赏识、发展的眼光来看待学生写出的文章,以减少学生因失败而带来的不愉快的体验,培养学生写作的自信心。

王筠作为清代杰出的文字学家和具有革新精神的教育家,他认为在教学过程中,教师不仅要对蒙童传道、授业、解惑,也要关注蒙童人格、兴趣等非智力因素的发展。王筠在《教童子法》一书中阐述作文教学理念时,提出"少改易之,以圈为主"的观点,他认为对蒙童作文的批改,要以鼓励为主,即尽可能保留学生所写文字,以鼓励性的评价来激起学生对文章写作的兴趣,提升他们在这方面的自信心。王筠的这一教学理念充分考虑到了蒙童的心理发展特点和心理诉求,打消了蒙童初学作文的畏惧心态,尊重了学生的写作成果,具有很大的进步意义。

教师对学生如果能够经常鼓励,以赏识的眼光来看待孩童,以自己的人格魅力来吸引学生,必定可以让学生对教师产生亲近感,正所谓"亲其师,信其道"。王筠学问可以做得这么好,可以说与他的恩师王惺斋不无关系。王筠在10岁那年师从王惺斋。王惺斋觉得王筠是一个好苗子,悉心指导,"事事皆讲",为王筠打开了通向学问的一扇窗户。王筠以前读书时有疑问却"不敢问之师"的问题,都

[①] 王春枝:《善用发展性评价,促写作能力提高》,《散文百家(新语文活页)》2011年第8期。

得到了解答。譬如，经过王先生的讲解，他知道了"章句"是分析古书章节句读的意思；《大学》与《中庸》是朱熹从《礼记》中选出，自己进行注解诠释的，所以名为"章句"；《论语》与《孟子》系朱熹汇辑综合了诸家注解，故而标为"集註"。①融洽的师生关系，老师的悉心指导，可谓王筠求学历程当中一段美好的时光。王筠在王惺斋指导下博览群书，孜孜以求，为日后做学问打下了坚实的基础。

但在王筠生活的时代，都盛行着"师道尊严"的传统，教师高高在上，说一不二，以自己的意志去主宰学生的行为，很少会俯下身子与学生对话，更不用说与学生站在平等的地位上倾听他们的心声了。很多教师为了让"子弟"为"鼎甲"，登科入仕，用"夏楚"二物逼蒙童苦学，根据科举的要求用八股时文来限制蒙童的写作思维，把蒙童看成可以任意驱使的"猪狗"。这种写作教学思想遭到了王筠强烈的反对和抨击，他认为"学生是人，不是猪狗""教弟子如植木"，认为教师对蒙童进行教育时不可压制他们的天性，要尊重他们的心理和生理发展规律。

所以，王筠倡导"少改易之，以圈为主"的作文批改方式，意思就是教师要以赏识性的评价帮助学生找到写作的乐趣，感受自身在写作中的成就感，让学生认识到写作是为了表达自己、与人交流，而不是仅仅作为博得功名的一个工具。其实王筠并不是第一个倡导此法的人，宋代的王日休在《训蒙法》中也提到过："若改小儿文字，纵做得未是，亦须留少许，不得尽改。若尽改，则沮挫其才思，不敢道也。直待做得十分是了，方可尽改作十分，若只随他立意而改，亦是一法。"这种对学童作品不求其完美，重在鼓励的办法值得我们今天学习和借鉴。

同时，王筠也在《教童子法》中对当时一些贻误学生的"无知之师"从侧面提出了严厉批判，这些"庸师"只会通过对学生文章的批改评价，将自己的主观意愿强加给学生，使学生写作的积极性和兴趣受挫，逐渐丧失了写作中应有的思考和锐气，只会写一些在科举考试中才会用到的八股文，这样最终培养出来的大都是"弃才"和"废才"。王筠"少改易之，以圈为主"这一作文教学理念，一方面与

---

① 李之凡、李继强：《潍坊晚报》2013年3月18日，第B02版。

其"学生是人,不是猪狗"的教育思想在源头上是一致的,均是极力强调教育要充分尊重学生的人格,解放学生的个性,发挥学生的主观能动性,并且要及时关注学生的生理以及心理的健康发展需要及特点;另一方面这一作文教学理念的提出,不仅对当时的童蒙教育中作文教学所存在的弊端有所改善,对于当今写作教学的现状也同样具有极强的借鉴意义。

心理学家威廉·杰尔士说:"人性最深切的需要就是渴望别人的欣赏。"学生的自我评价、自我认识的能力尚未完善,他们对自我的了解很大程度上是通过或借助他人的评价或态度来进行判断的。教师的欣赏,是对学生的充分肯定,它使学生从内心深处感受到自身价值得到认可、体现后的满足与愉悦感,包括感受成功、树立信心、认识自我,从而激发起更强劲的内驱力,保持持久不竭的学习动力,使学习真正成为一种需要。[①]相信所有的孩子在完成自己的作品时,都是怀着兴奋的、激动的、自豪的心情,热切地希望可以从老师那里获得期许和表扬的。

然而,我们的教师,在面对孩子的作品时,又是怎样做的呢?虽然绝大多数教师都会将其对学生作文的批改评价看成是自身教学工作中一个必不可少的环节,一个向自身反馈教学效果、了解学生写作情况、引导学生学习作文的过程。但长期以来,教师对学生作文的评价存在着较大的问题。他们在对学生作文进行批改时,只关注学生写出来的文字,一词一句地认真批阅,把学生作文中所有的错误都找出来,认为唯有此,才算是完成了自己的工作,体现了对学生的负责。所以,一篇文章改下来,目之所见,笔之所及,都是教师用红笔标出的这样或那样的错误和毛病,粗看上去,一道道红笔印就像是一块块"伤疤"贴在了作文本上。还有一些教师,他们对学生的作文缺乏宽容之心。对于那些写得比较好的文章,他们虽然心里会稍微有些安慰,但给出几句表扬的话之后,大都会话锋一转,开始对文中存在的一些小问题进行再三纠正,生怕学生意识不到。而对于那些写得不好的文章,要么给学生一个很低的分数,要么就是把学生叫到跟前大声训斥指责,以此让学生认识到自己错误的不可饶恕,完全不顾及学生尊严。

[①] 陈良:《赏识,点燃学生习作热情——小学作文批改中赏识教育初探》,《语文学刊》2009年第12期。

就这样,学生在一次次的批评中逐渐迷惘,在一次次的指正中越来越怀疑自己,在一次次的否定中逐渐认识到自己是根本不可能写出好作文的,写作文不是表达自己的认识,而是给老师写的,于是,他们逐渐开始逃避写作,憎恨写作。面对学生的习作,我们不应过多地批评否定,应像王筠一样,"少改易之,以圈为主",对待学生的习作采用发展性的、激励性的评价,既要关注学生对写作知识的掌握和能力的提升,也要关注学生写作的过程以及这个过程中学生情感、态度、价值观等方面的变化。我们不仅要发挥作文批改和评价的检查、诊断、甄别功能,更要发挥其激励等功能,让作文评价散发其迷人风采,赢得学生对作文写作的青睐,激发他们对作文的兴趣,形成良性循环,从而更有效地提升他们的写作水平,使其逐步朝着更高的目标发展。

鲁迅先生在《做古文和做好人的秘诀》一文中说:"从前教我们作文的先生,并不传授什么《马氏文通》《文章用法》之流,一天到晚,只是读,做,读,做;做得不好,又读,又做。他却决不说坏处在哪里,作文要怎样。一条暗胡同,一任你自己去摸索,走得通与否,大家听天由命,但偶然之间,也会不知怎么一来,——真是'偶然之间'而且'不知怎么一来'——卷子上的文章,居然被涂改的少下去,留下的,而且有密圈的地方多起来了。于是学生满心欢喜,就照这样——真是自己也莫名其妙,不过是'照这样'——做下去,年深月久之后,先生就不再删改你的文章了,只是在篇末批些'有书有笔,不蔓不枝'之类,到这时候,即可以算作'通'。"[①]这是鲁迅对我国古代作文教学的形象化总结,其中谈到的以"圈"为主的批改方法,就是王筠所提倡的"少改易之,以圈为主",非常值得我们在作文教学中借鉴运用。这种赏识式的作文评价能够打破作文教学的"学生厌恶作文、教师怕批改作文"的恶性循环,为作文教学注入一股新的活水,冲淡现状的污浊,引领作文教学走出困境,从而实现"学生乐写、教师乐评"的良性循环,促进师生的共同进步。[②]

---

① 鲁迅:《鲁迅全集》(第4卷),北京:人民文学出版社,1981年版,第270页。
② 曹雄英:《作文教学改革——赏识评价》,硕士学位论文,湖南师范大学,2006,第59页。

第五章

被提出的德行教育

《教童子法》(局部)

王筠作品中的教育思想

中国有 5000 多年悠久的历史文化。我们的民族精神和文化能够代代相传并走向全世界,毋庸置疑,这要归功于中华民族的优秀传统文化教育。教育能够产生持久的巨大的力量,特别是德行教育,更是在整个教育系统中占有重要的地位。那么,古代的德行教育是如何进行的,和我们古代的语文教育有什么关系呢?众所周知,我国传统的语文教育是综合性很强的一种教育,无论是形式还是内容都是"大语文"的概念,而这使得传统的语文教育在德行教育方面更具重要的优势。可以这样说,德行教育特别是伦理教育一直贯穿我国语文教育的发展中,语文教育教学也一直发挥着德行教育的重要作用。其中的一些思想和语录都已经永远保存在古代先贤圣哲的书籍中和中华民族的智慧宝库中,供后人继承和发展。王筠的《教童子法》中提出的关于德行教育的观点和思想就是在继承几千年来德行教育的基础上又结合他所处的时代发展而来的,具有时代性。特别是其提出的"功名、学问、德行,本三事也""应对进退,事事教之;孝弟忠信,时时教之"等德行教育的观点,对我们今天的德行教育有很大的启发意义和借鉴价值。

第五章 被提出的德行教育

第一节 功名、学问、德行，本三事也

在清末这样一个特殊的时代，王筠作为封建王朝末期的知识分子，他的身上具有独特性，一是由于他从小接受的是中国传统教育思想，受其影响极深；二是由于清末内忧外患及各种思想的冲击，他对传统教育的不合理之处也进行了反思和批判。他认为道德伦理教育应该始终蕴含在语文教育教学中。特别是在清朝末期，王筠认为德行教育显得尤为重要。

在《教童子法》中，王筠提出"功名、学问、德行，本三事也"。这句话的意思是说功名是功名，学问是学问，德行是德行，这本来是三件事情，是三个方面，不能混为一谈。功名的大小不能代表学问的大小，也不能代表德行的高低。王筠提出这样的观点主要是针对当时社会上一些人的一些错误的认识。王筠说："今人以功名为学问，几几并以为德行。"可见当时人们把功名看得最重要，认为功名就代表着学问甚至是德行，这是很不正确的认识，三者在本质上是有区别的。王筠旗帜鲜明地提出这样的观点，是要告诫世人：功名、学问、德行三者是并重的，不要一味地追求功名而忽视蒙童的德行教育。

王筠提出"功名、学问、德行，本三事也"这个观点，就是在强调三者是有根本上的不同的。功名主要是指参加封建科举考试获得的官职名位；学问侧重指一个人拥有的知识和学问；德行是指一个人的思想道德和品行。功名可以考取，因为考试的内容有限制。清代的科举考试，内容主要还是"四书""五经"，文体是八股文。仅仅凭借功名是不能代表一个人的学问和德行的。或许有人会问，难道社会上就没有集三者于一身的人吗？毫无疑问，是有的，他们已经名垂青史、万世流芳。但是这样的人作为国家、社会、民族的精英，毕竟是少数。王筠说："凡功名无论大小，得之必学业长进。"也就是说功名无论大小，都要靠真才实学来取得。这句话也是要求读书人要注意德行的养成。我们的传统教育要求或者说希望读书

王筠作品中的教育思想

人能够做到既博取了功名,又有很多的学问和很高的德行,这样一种理想境界是读书人孜孜追求的目标。但这种理想不是人人都能够实现的,这种目标也不是人人都可以达到的。有些人不是不能,而是不想,这就和社会环境及个人的价值观有关了。

王筠在《教童子法》中强调的重点是不能把功名作为评价一个人的唯一标准,功名不等于学问和德行。那么,为什么王筠在当时要强调"功名、学问、德行,本三事也"?这就要结合我国的传统教育和当时的时代背景了。我们知道,在封建社会,通过读书来获得功名利禄可以说是所有读书人都非常渴望实现的抱负和理想,这种理念自然也就成为当时语文教育的重要目的。古代文人大都追求的是"学而优则仕"。古人说的人生四大喜事之一就有"金榜题名时",由此可见,人们特别是读书人对功名的热衷程度之深。历史上激励世人读书的名句不胜枚举,如"书中自有黄金屋,书中自有颜如玉,书中自有千钟粟"等,这些成为读书人的励志名言,而这些只是物质享受的表现,不能把儒家思想崇高伟大的读书理想完全表现出来,儒家倡导的是"穷则独善其身,达则兼济天下"的读书目的,而世人把读书的目的一味地功利化了。

在中国文学史上,清末的谴责小说可以说是一个亮点,它们揭露了那个时代社会的腐朽和病态,特别是《儒林外史》和《官场现形记》等更是将读书人的复杂矛盾的形象淋漓尽致地表现出来了,读来让人为他们感到可悲可叹,这些都是有时代烙印的。王筠一生历经乾隆、嘉庆、道光、咸丰四朝,从盛极一时的康乾盛世到日益瓦解的封建社会,他的成长见证了这一段历史的盛极而衰。清代中后期已经出现了有些人不读书也可以做官,社会上卖官鬻爵,官场上贪污腐败的现象。加上西学东渐,中国儒家思想和传统教育受到很大的冲击,而统治者又不进行行之有效的教育改革,使得一些进步的有识之士试图通过学习西学改变社会,而另一些传统、保守、落后的读书人却仍然抱着追求功名的态度死读"圣贤书",成为科举制度的牺牲品。

王筠提出"功名、学问、德行,本三事也"在当时是具有非常深刻的现实意义的。更重要的是,这种观点和思想在今天这个时代得到继承和发展,对我们的语文教育乃至中华民族的伟大复兴仍然具有很大的现实意义。

在《教童子法》开篇，王筠就明确提出了"不敢望子弟为圣贤，亦当望子弟为鼎甲"这样的观点，这可以认为是他的语文教育目的。"鼎甲"就是指功名，特指古代科举殿试名列一甲的三人，即状元、榜眼、探花。这句话的意思是说要把"圣贤""鼎甲"作为培养子弟的终极目标。王筠说"不敢望子弟为圣贤"不是说不希望子弟成为圣贤，而是说如果不敢奢望自己家的子弟成为圣贤，那就退而求其次，"亦当望子弟为鼎甲"，那么，也要希望自家的子弟将来能考取大的功名，入仕，光耀门楣。王筠认为读书入仕，正是读书人孜孜追求的目标，是值得提倡的。

由此可见，王筠认为"为圣贤"是人生的最高境界、终极目标，是值得一生不断追求的一种理想，却是很难实现的一种目标。早王筠几百年的《朱子家训》中明确规定子弟读书、为官的目的："读书志在圣贤，非徒科第，为官心存君国，岂计身家。"王筠的思想就是在继承圣贤先哲的基础上发展而来的。所以王筠紧接着就说"亦当望子弟为鼎甲"，这说明两点：第一点就是王筠认为考取功名这种选择是在成为圣贤之下的，二者不是一个层次上的，不能相提并论，考取功名是在子弟不能成为圣贤之后的选择。这就照应了他在《教童子法》后文提出的"功名、学问、德行，本三事也"的观点。第二点就是王筠认为考取功名要比成为圣贤相对容易些，也更切合实际。也就是说成为圣贤是件非常困难的事情，是一个很难实现的人生目标。它可以成为读书人一生孜孜追求的终极目标，但是在这条道路上，还是可以退而求其次，考取功名的。王筠又为什么提倡父兄要把培养自家的子弟考取功名作为目标呢？为什么认为子弟成为圣贤那么困难呢？

我们认为圣贤是圣人与贤人的合称。古代得到圣人称谓的有很多，比如至圣——孔子，诗圣——杜甫，词圣——苏轼等；至于贤人：孔子有弟子三千，其中七十二贤人。什么是贤人呢？应该是在中国传统文化中占主流的儒家思想所认可的德行高尚、智慧超群的有才华的人。这样我们就可以大致认为，是否圣贤主要看一个人的德行和学问，圣贤的德行必须是比一般的人高出很多，学问不仅要有广度，而且要有深度，特别是在某一领域有杰出的贡献，并且占有无可替代的位置。由此可见，要成为圣贤真的是很难的，要想集功名、学问、德行于一身是一件多么困难的事情呀。我们在这里讨论的是按照儒家思想要求的读书人的最高境界，如果这个标准适当降低一些的话，有些人还是可以做到的，比如韩愈、欧阳修、苏轼、王安石、司马光、范仲淹、岳飞等。但是理想总是高远的，这样才可以激励人不断地前行。

"功名、学问、德行，本三事也。"我们都知道，通过参加科举考试就可以考取功名，那么学问和德行是如何评判的呢？圣贤和三者又是什么关系呢？占我国传统文化主流思想的儒家思想非常重视"正名"，孔子说"名不正则言不顺"，强调"名""实"统一与一致，这样"在其位，谋其政，尽其责"，有了功名，再去实现儒家的"兼济天下"的宏大志向。没有功名，想实现救国救民的大志就显得很苍白无力。所以，儒家要求读书人考取功名不是目的，而是实现更高理想——治国平天下的捷径。怀有这样的理想和愿望的读书人才是儒家提倡培养的人才，才是国家、社会、民族需要的栋梁之材。

王筠强调读书人要求取功名，但是更强调求取功名的方式应该是靠自己的真才实学，而不是"学其钩心斗角、花攒锦簇，骗得功名到手"，一个"骗"字把那些为了追求功名利禄而在读书过程中不踏实学习、投机取巧的读书人的心理形象地揭露了出来。不去学做学问的真本领，而只学应试技巧，目的只是为了获得功名，这是语文德行教育的失败，这种思想在《教童子法》中受到王筠的批判。如果通过这种方式取得功名，那么，只是代表获得了功名，而学问和德行层次都是很低的。我们说，自古至今，追求功成名就是大多数读书人的愿望，无可厚非，关键是实现这个愿望的方法和途径。古人说："君子爱财，取之有道。"《论语》中也有："富与贵，是人之所欲也，不以其道得之，不处也。"这些都是肯定人们通过正当的途径和方式得到自己追求的功名和富贵。这就是德行教育的体现，教育读书人在追求功名的道路上，要具备良好的品行和高尚的道德。

学问是有领域性的，毕竟一个人的精力是有限的，不可能事事精通，像诸葛亮这样学识渊博的人很少，只要一个人在某个领域或者某个方面很精通，我们就可以说他在这个方面学问大。还有就是人们对事物的认识是不断变化的，这里会有一些时代的局限性。

第五章　被提出的德行教育

有学问的人大多数是值得人们尊敬的,那么学问是否和德行成正比呢?答案是否定的。一个有学问的人我们称之为有才华,而德行是指一个人的道德和品行,二者结合就是德才兼备。我们的国家与社会需要德才兼备的人,提倡以德治国,重视德行教育在国家发展中的重要性。有德无才的人能够为社会服务,但是,不能最大化地发挥其价值和作用;有才无德的人则很容易成为危害社会和他人的坏人。所以,一个人,德字在前,德字最重。王筠在《教童子法》中说:"学问既深,坐待功名,进固可战,退有可守。不可痴想功名,时文排律之外,一切不学。"在这里,王筠指出指读书不能功利性太强,要有真学问,只要学问深,早晚都会取得功名的。不能只是做科举的附庸,考什么学什么,不关心国家大事、社会实事,一味地"痴想功名",这是有违读书的本质的。

王筠又说:"设命中无功名,则所学者无可以自娱,无可以教子,不能使乡里称善人,士友称博学,当此时,回想数十年之功,何学不就,何德不成。今虽悔恨而无及矣,不已晚乎?"王筠认为读书人如果读了数十年的书,最后一无所成,要功名没功名,要学问没学问,要德行没德行,那么,最后必将悔恨终生,却为时已晚。王筠提倡读书人在"乡里称善人""士友称博学",学就德成,做一个德才兼备的人,这些思想无论在过去还是在今天看来都是很合理的。

王筠的德行教育思想还体现在他对前人的看法上,如他在论述孩童学写字时就说:"不可学赵,他字有媚骨,所以受元聘。"赵就是指赵孟頫,元代书画家,号松雪道人,宋太祖十一世孙。南宋灭亡,赵孟頫隐居山林,元朝建立,招募有才华之士,程锯夫奉诏到江南访贤,他被引见忽必烈,从此渐见亲近。他毕竟是宋太祖赵匡胤的后代,却在元朝做官,并受到重用,所以一生饱受争议。在这里,王筠不让初学写字的孩童学"赵体",除了年龄上的不合适外,恐怕也和赵孟頫在历史朝代更替中的选择有关,因为这不符合王筠的德行教育理念中认同的儒家思想提倡的"忠君"理念。王筠说:"他字有媚骨,所以受元聘。"一个"媚"字就已经很明确地表达了他对历史人物赵孟頫及其在书法才华方面的态度。由此可见,王筠对一个人道德和品行的重视远远重于他的才能和功名。

在孩童学习古诗方面,王筠仍然是这样的观点。王筠说:"所籍口者王右丞

王筠作品中的教育思想

也,然此人亦有媚骨,进身则以郁轮袍①,国破即降安禄山。虽唐人不讲节义,然李杜高韦,何家不可学,必学降人乎?"王右丞是指唐代诗人王维,字摩诘,因官至尚书右丞,故世称王右丞。安禄山攻陷长安后,王维曾出任官职。其诗以山水田园诗为主,诗中有画、画中有诗是其特色,为文人画之始祖。我国是一个诗的国度,唐诗更是我国古代诗歌发展的巅峰时期,王维的诗歌历来为人所称道。这里王筠称其为"降人"有"媚骨",不让蒙童学王维的诗歌,也是受儒家德行教育思想中的"忠君"理念的影响。

王筠在孩童的写作训练中同样强调德行教育,他说初学写文章的时候"不许说空话,以放为主",意在强调初写文章重在表达自己对所读内容的理解和看法,这样学生既有内容可写,不至于凭空编造,又可以加深对所学内容的理解。这也是德行教育中追求的"真"。德行也可以说是要学生追求真善美,做到真善美。这个真善美不仅体现在为人处事方面,也体现在文章中。所以王筠要求孩童写文章不要说空话,要言之有物,有真情实感,有自己的观点和看法,这也是语文作文训练的一个目标。这对我们今天的作文教学有很大的启发,做文章也是在做人,我们教师经常说"文如其人""我手写我心",就是要学生做一个"真人"。这样教师才能尽可能多地了解学生,发现问题,及时地解决学生身心方面的问题,完成育人的任务。

王筠提出"功名、学问、德行,本三事也",一方面是要施教者把三者区分开来,另一方面是要施教者将德行教育渗透在语文教学中。思想决定行动,施教者只有充分认识到德行教育的重要性,才会将德行教育贯穿在蒙童教育中。而施教者既包括教师,还包括家长,也就是说孩童教育包含学校教育和家庭教育。只有教师和家长都明白德行教育的重要性,并在孩童的成长过程中进行潜移默化的教育,孩童的道德和品行才会更好地培养起来。"身教重于言教",作为施教者的家长和教师本身是德行高尚的人,才能有资格去教育自己的子弟和学生。所以王筠在《教童子法》中一方面提到在童蒙教育中如何进行德行教育,一方面还强调施教者的德行要高。

---

① 郁轮袍:曲名。王维少时即有文名,又谙于音律,应举前,向安乐公主进新曲《郁轮袍》,为公主所赏识。公主为之说情,王维得以登第。

第五章　被提出的德行教育

家庭教育是对孩子的成长影响最大的教育，德行教育的成败很大程度上受家庭教育影响。每个家庭的长辈都望子成龙、望女成凤，但是，在孩童"成龙""成凤"的路上，家教、家风对孩子的德行影响最重要。王筠说："父兄为子弟延师，亦以其幼也，而延无知之师。"这说明作为孩童启蒙老师的家长对孩童的身心发展是不了解的，甚至只是将孩童的教育交给"无知之师"，这是错误的选择。"佳子弟多有说不出口底苦，为父兄者亦曾念及乎？"王筠对家长提出了质疑，家长都望子成龙，家长都爱自己的孩子，但是在教育孩子的过程中家长是否真的理解孩子的苦与乐呢？王筠认为家长要以身作则，为孩子的成长营造一种和谐温馨的家庭氛围，要和孩子平等地交流，不要只是站在成人的立场来看问题。身教重于言教，这对我们今天的家庭教育非常有用，对孩童的德行教育更有价值。

师德是影响德行的一个重要因素。王筠说："学生是人，不是猪狗。"就是说施教者要把孩童看成是有思想的会思考的鲜活的人，而不是被动的无知的牲畜。在这里除了对当时不尊重学生人格的教育时弊进行强烈的批判外，更重要的是呼唤良师的出现。良师就要德才兼备，德行高尚，有师德，有爱心，有责任心。首先要把学生看成与之平等的人，然后在这个基础上进行人格平等的教育，不能高高在上，把学生看成"沉默的羔羊"，不把学生当人看。王筠又说："教弟子如植木，但培养浇灌之，令其参天蔽日。其大本可为栋梁，即其小枝，亦可为小器具。"这就是我们说的树人就好比是在树木，需要耐心、爱心。我们说教育就是为国家培养栋梁之材，培养有用的人才。孩童的施教者首先必须尊重学生，才能让学生的个性自由而健康地发展。

师德是体现在教师的言行举止各个方面的，贯穿在教学的始终。王筠说："小儿无长精神，必须使有空闲。"教师只有了解这一点，才会真正地去爱学生，甚至于把学生当成自己的孩子来爱。王筠还说："人皆寻乐，谁肯寻苦？读书虽不如嬉戏乐，然书中得有乐趣，亦相从矣。"这就是要学生能够快乐地学习，享受到读书的快乐，这样他们就会喜欢读书上学了。王筠是最反对体罚学生的，他要求施教者爱学生，认为体罚只能使学生感到读书的痛苦，而不能享受读书的乐趣。王筠要求教师善于诱导学生、爱学生，不能动不动就"日以夏楚为事"，摧残学生的身心健康。王筠的德行教育思想中，师德也是很重要的一个方面，他指出教师要加强自己的修养和德行。

105

王筠作品中的教育思想

古人云："十年树木，百年树人。"可见"树人"是一件多么不容易的事情，而"树人"的关键首先就是看一个人的德行。自古至今，我们的教育事业就是要教书育人，二者是并重的，教育不仅要培养有才能的人，更重要的是培养有德行的人，这样培育出的优良的下一代才是社会、国家、民族需要的人。德行要从小开始，伴随人的一生。"少成若天性，习惯成自然"，童蒙养正教育是奠定孩子一生为人处世、成家立业、幸福成功的基础，德行尤为重要。我们从王筠教育的智慧中得到的关于德行的启示是非常有价值的。

第五章 被提出的德行教育

第二节 应对进退,事事教之

王筠受传统儒家思想影响很深,但是,在封建王朝走向末路的清末,尽管受时代的局限,他身上仍然有这个时代的反思者和觉醒者的意识。在以追求功名为主的封建时代,王筠提出德行、功名、学问三者并重这样进步的思想,同时又提出"教子者当别出手眼,应对进退,事事教之"的观点。这句话是承接上文的"功名、学问、德行,本三事也"来说的,意思是说教育孩童的人要从另一个方面来教育孩童,如关于日常人际交往方面的待人接物、应答、进退等做人的基本日常规范,这也是孩童德行教育的内容,不可忽视,要教给他们很多这样的事情。这些教育的内容可以说相当于我们今天的生活教育,是一个人独立生活于社会的基本素质,也是一个人一生之中必不可少的基本能力,非常实用。在"一心只读圣贤书"的传统教育环境的影响下,王筠提出这样实用的切合实际的教育思想,确实是具有积极意义的,他认为一个人的德行体现在方方面面、点点滴滴的,特别是日常的生活和人际交往中。所以,德行教育不可忽视"应对进退"等方面的事情,"教子者"要"事事教之"。

1870年《小学义塾条规》中有:"每日天明即起,必先在父母前揖禀,洒扫家庭内外,然后入塾。"儒家思想要求孩童每日的早课是"洒扫应对进退"。王筠自然从小就接受这样的教育,并且受益于它,所以才提倡这样的教育观点。洒扫是要让他们负责家中的清洁工作,养成勤劳的习惯,明白没有什么东西是可以不劳而获的,让他们长大成为负责任的人。应对方面的教育就是我们说的人际交往,即礼仪方面的教育,这是一个人必不可少的基本常识。没有规矩不成方圆,什么都有限度,要让他们知道边界,控制好自己的行为。从生活中和身边的小事做起,日常小事做好了,才可以做大事。

王筠作品中的教育思想

　　王筠所谓"应对进退,事事教之",事实上是强调在教育孩童的过程中,除了关于学业方面的知识,还要有关于劳动和礼仪方面的内容。"应对进退"出自《论语》。孔子的学生子游跟子夏说,让学生做些洒水、扫地、应答、接待之类的事是可以的,只不过他认为没有让学生学到真正的本领是不行的。子夏听到这些话后就说子游说错了,教育学生,就要分清楚每个人的基本素质,学会了洒扫应对之后,才能学习其他东西。子夏的意思是说教育子弟要从洒扫应对进退等具体的个人基本能力入手,然后再学习其他知识文化,这不是舍本逐末。

　　据说常有这样的孩子,你问他:贵姓?他就回答:我贵姓某。府上哪里?他会说:我府上某地。根本不懂应对的礼仪,不知道日常交往中的谦称与敬称,让人笑话。洒扫应对的事情做不好,进退就更难了,进退小到站立的场合和位置,大到一个人成年之后在社会中的为人处世,如怎样与人交往相处等。所以,教育首先还是要教育学生懂得洒扫应对进退。这些做好了,说明具备了基本的生活能力,就会赢得别人的认可和尊重,不管是家庭还是事业都会获得成功。

　　在我国封建社会,由于受儒家思想影响,一直以来都是男尊女卑,男主外,女主内。所以像"应对进退"等这样的事情都是男子需要做的,因而王筠在《教童子法》中说"教子者"应当从小对子弟进行"应对进退,事事教之"的教育。从语文教学的角度来讲,这也是大语文教育的内容。更何况古代没有纯粹的语文学科,语文是融经学、史学、伦理学等为一体的,像对长辈或家里来了客人等的应答、接待、站立、进退等事情,往小处说,体现一个人是否懂事、有礼貌;往大处说,就是一个人的道德和品行的高低。我们经常说"习惯成自然",而习惯是要从小培养的。古今中外,有作为的人大都是从小就养成了良好的习惯的。"童蒙养正"一直是我们传统文化教育提倡的,"童蒙"就是指要对孩童进行启蒙教育,"养正"指培养各种美德。这种教育思想和理念就是说从小就要给孩子指明正确的道路和方向,使其养成好习惯,追求真善美。

　　王筠的思想和精神深深影响了王氏子孙。王筠一生致力于著书藏书,曾说:"子孙若贤,多存几年,子孙不贤,长街卖钱。"王筠相信他的子孙后代不会将他的著作卖钱的,而会竭尽全力保存他的书籍。现在在王筠的老家安丘,王氏子孙已经将先人的著作对外开放,里面可以说有大量的奇书。这对王筠家族来说是在秉承祖训,对国家、社会来说是一笔文化遗产。其中有些藏书很可能是孤本,对一些研究具有很大的史学价值和学术价值。这种对文化的传承、坚守和执着,更是我们德行教育的一部分。

王筠不仅是文字学家、语言学家,在家庭中,他更是一个父亲、一个长辈,他将自己从小接受的良好的教育继承发展,同时以身作则,将自己的教育思想渗透在点点滴滴的日常事务中,并推而广之,希望更多的孩童接受好的教育,这就是一个有担当的、有历史使命感的知识分子的所作所为,令后人敬仰。

儒家思想一直在封建社会思想领域占统治地位,其中的精华内容也一直被继承和发展。王筠的"教子者当别出手眼,应对进退,事事教之"就是对儒家思想的继承和发展。据说,在《礼记》里面关于"应对进退"等事情,圣人就有详细的说明:如在长辈面前如何使用簸箕、笤帚,如何使用匕匙、筷子,怎样咳嗽吐痰,怎样应答得体,怎样持烛照明,怎样以礼待客,怎样端盆送水侍奉长辈盥洗,等等。

《朱子家训》中有明确的内容:"黎明即起,洒扫庭除,要内外整洁,既昏便息,关锁门户必亲自检点。"在这里,关于早起后和晚睡前的日常家务,如什么时候开始洒扫庭院,打扫到什么程度都有了详细的说明。意思就是说:天亮了,就要起床,不能睡懒觉,起床后要开始在院子里洒水、扫地,并且要把屋里屋外打扫得整洁干净,不能应付了事,马马虎虎。

这种思想发展到《弟子规》中,就更为具体完善了。《弟子规·谨》中说道:"朝起早,夜眠迟……晨必盥,兼漱口,便溺回,辄净手,冠必正,纽必结,袜与履,俱紧切,置冠服,有定位,勿乱顿,致污秽,衣贵洁,不贵华……步从容,立端正,揖深圆,拜恭敬,勿践阈,勿跛倚,勿箕踞,勿摇髀,缓揭帘,勿有声,宽转弯,勿触棱……将入门,问孰存,将上堂,声必扬,人问谁,对以名,吾与我,不分明,用人物,须明求,倘不问,即为偷,借人物,及时还,后有急,借不难。"这里已经对"洒扫应对进退之事"有了详细的说明,关于个人生活方面的习惯有洗漱、穿衣、戴帽、行走、作揖、坐姿、进退、应答等,从时间、方法、程度等方面都有了具体的规定,这样在教育孩童的过程中,实施起来就更具体有效了。以上这些都是历代的

王筠作品中的教育思想

童蒙读物的内容,由此可见,教育孩童要从"应对进退"等生活教育开始,这是培养孩童良好德行的重要方面。

随着世事的变迁,有些礼节和行为规范也已经发生了一些变化,但是,一代又一代的有识之士根据自己的生活经验和阅历又制定了衡量的尺度,代代相传,教育子孙后代如何去做。除了我们以上提到的人物和书籍,还有许多和这方面相关的历史人物等,他们从不同方面印证着这一思想观念的正确性和可持续性。

"应对进退,事事教之"这一思想从《礼记》《论语》到《颜氏家训》《朱子家训》《弟子规》《曾国藩家书》再到王筠的《教童子法》和我们今天的德行教育、生活教育,一直被传承和发展,从不间断,可见这一思想的影响之大,同时也是这一思想适应社会发展的结果。小事情往往蕴藏着大智慧,倘若真正能够一丝不苟地把小事情做好、做到极致,那么一旦有了这种生活、学习的好习惯和态度,又何愁做不了大事情呢?

古人童蒙养正教育中的"应对进退"等生活教育处处都体现出对一个人道德和品行的培养,启示我们教育孩童将来立身处世要从"应对进退"这些生活中的小事情开始,然后再传授其他的知识。或许有人不同意这样的教育观点和思想,认为大丈夫当扬名立万,不必拘泥于小节。如东汉时期的一个很有名的士人陈蕃,他在年少的时候一个人住在一间房子里,他不知道整理自己的房间,住的地方很脏很乱。有客人来了他还是老样子,不打扫干净迎接客人,客人问他,他还很理直气壮地说:"大丈夫当扫除天下,怎么能够安于打扫一屋呢?"陈蕃的回答确实体现了他是一个有思想的人。但后来有人在这个故事的基础上提出了反驳的观点,认为"一屋不扫,何以扫天下"。这应该是我们大多数人的观点。

在这里,可以有两种理解。第一种就是少年陈蕃没有养成打扫庭院、整理自己卧室的良好生活习惯,不是他不会做,而是他不屑于去做,因为他有大志向,或许也就是我们说的"大丈夫不拘小节"吧。这是一种态度,不是能力的问题。第二种解释就是陈蕃不会做这些打理自己生活的日常事务,他一心只读圣贤书,这就是生活能力的问题。作为受儒家思想影响极深的有历史使命感的知识分子,或许第一种解释更符合陈蕃这个历史人物和他所处的时代。东汉末年,时局动荡,陈蕃立志于匡扶正义、治国平天下,后来终成为一代名士。但是"一屋不扫,何以扫天下"也很有哲理性。要想成就大事,就应该从一点一滴的小事做起,应该具备这样一种能力和生活习惯,这样不管是生活在太平盛世还是生逢乱世,于人于己都是有百利而无一害的,近可以以身作则,教育子孙后代;远可以使家族成为世家和名门望族,流传后世。

王筠的"应对进退,事事教之"的德行教育观点,就是在强调教育孩童的过程中,要先教孩子做人的基本素质。这与我们经常说的先做人、再做事的观点是相符的。

我们的教育是为社会培养全面发展的有用的人,一个连自己的生活都不能自理, 基本的待人接物和为人处世的能力都不具备的人怎么能够适应社会的需要,更不要说为社会做贡献了。近些年曾发生这样一件事:一个天才少年通过高考,以高分考入北京一流高等学府,但是这个学生却连自己日常生活中的穿衣、洒扫、应对进退之事都做不好,最后被迫退学。圣贤先哲早就提出孩童的教育要"应对进退,事事教之",这个学生的问题是由家长的错误思想和行为导致的,首先是家庭教育的偏差,其次是中小学校应试教育的苦果。我们说,生活教育同时也是道德和品质教育, 生活中的点点滴滴小事都能够体现一个人的德行和能力,从小事做起,从身边事做起,这是孩童教育不可或缺的内容。

中华文化本身就是一种博大精深的科学体系,是多少年、多少人孜孜以求不懈努力积淀而成的。圣贤先哲的名言警句经历千年依旧熠熠生辉,老子的"合抱之木,生于毫末;九层之台,起于垒土;千里之行,始于足下";荀子的"不积跬步,无以至千里;不积小流,尤以成江海";韩非子的"千里之堤,溃于蚁穴"等无不在告诉我们一个简单而深刻的道理:人要成就一件大事,就得从小事做起。王筠的"应对进退,事事教之"就是对这种思想的继承和发展,而今也成为我们中华文化的一部分,不断被继承和发展。

第三节 孝弟忠信,时时教之

中华传统文化博大精深、底蕴深厚,作为中华儿女应该将其中的精华继承和发展,并不断地发扬光大。美德教育一直是我们传统文化的重要组成部分,特别是儒家思想文化里提倡的"孝弟忠信"更是被代代传承和弘扬,成为我们社会主义精神文明建设的一部分。

王筠在《教童子法》中说教育孩童的德行要"孝弟忠信,时时教之"。这里的"孝弟忠信"就是我们儒家思想提倡的做人要孝敬父母、兄弟友爱、忠君爱国、讲信用等;"时时教之"就是说要常常把这些思想教给孩童,并且教子者要时时刻刻以身作则,这样孩童就会耳濡目染,日积月累,集腋成裘,最终养成各种美好的德行。王筠在这里一方面强调孝悌忠信在孩童成长中的地位和作用,另一方面更强调孩童的孝悌忠信教育是要时常进行的,不是短暂性的,而是持续性的、经常性的、恒久性的。教育者只有意识到这样的德行教育对孩童成长的重要作用,才会时时教之。孝悌忠信一直是儒家思想提倡的,在不同的时代都得到了继承和发展,对中国人的影响可谓根深蒂固。所以,王筠在这里提出时时教之侧重为教子者指出进行这一德行教育的方法,是非常具有现实意义和可行性的,为孩童的德行教育指明了方向。

老话常说:"百善孝为先。"就是说在各种美好的德行中孝敬父母是最重要的,占第一位的。孝敬自己的父母和长辈是一个人应尽的责任和义务,是报答父母多年的养育之恩,是为人子女的本分,是不可逃避和推脱的。如果一个人连自己的父母都不孝敬,就不配为人,更不要指望他将来报效自己的祖国和人民。所谓"百善孝为先",不仅是要孝敬父母,更要把孝敬父母放在第一重要的位置。孝是一个人具备其他各种美德的基础,没有这个基础,其他美德是无从谈起的。孝往小了说指孝敬父母,往大了说指热爱自己的祖国,对国家尽忠,大孝至孝之人会受到人们的尊重和敬佩。悌是针对兄弟姐妹之间的感情,兄弟姐妹是同胞,血脉相连，就要相互友爱，相互帮助，有难同当，有福同享。作为社会的成员，要热爱自己的国家和人民，忠诚于自己的祖国，尽一己之力积极主动地为国家和社会做贡献，不管是战争年代还是和平年代，都要保有一颗热爱祖国的红心，这就是忠。在人际交往中，要言而有信，重承诺，做到一诺千金，不反悔，不欺诈，这就是信。这些都是一个人应该具备的基本美德，圣贤先哲这些永恒的语录我们要牢记在心，并且要身体力行，代代相传。

王筠不仅是清末著名的语言文字学家，更是一名孝子。《论语》中有："父在，观其志；父没，观其行；三年无改于父之道，可谓孝矣。"意思是说：父亲在世时，儿子不能享有独立行动的权利，因而只有观察他的志向；父亲去世后，就要看一看他的行为，如果他能长时间地遵照父亲生前的道德规范而没有改变的话，就可以称他是孝子了。王筠的父亲在为官期间，政绩和为人都受到世人的肯定，并且一生著述非常丰富，主要有《弊讼录》《龙阿居士自序》《三元通纪》《海岱史略》等，其中影响最大的是他为了方便子弟阅读而编撰的《海岱史略》。应该说，在王筠众兄弟中，王筠较好地继承和发展了他父亲的为人和业绩，并且是青出于蓝而胜于蓝，成为清末著名的语言文字学家，被世人认可和敬仰，这就是大孝。

王筠作为王家长子能够深深地体会到父亲的良苦用心，所以不管是做人、做事都以父亲为榜样。据说王筠的父亲王驭超编写《海岱史略》最初的动机是源于一件事情。在嘉庆时期，王筠的二弟王简参加了一次乡试，当时的主考官知道王简老家在山东安丘，就问王简关于山东人物的问题，结果王简没能对答出来，进而导致他乡试失败。王驭超知道后，就认为平时孩子们只知道读书却不知道历史人物，特别是自己故乡的人物都不知道，不要说为故乡增添荣誉，反而会让故乡和故乡的人蒙羞。为了增加儿子们的学问，顺利地通过科举考试考取功名，王驭超在为儿子们遍请名师的同时，自己选取两汉时期至明朝的史传书籍所记载的山东的圣贤先哲事迹抄录下来，最后编辑为一百四十卷的《海岱史略》专门用来教子。同时，他还希望这本书能够为天下的读书人所熟知，使他们更多地了解历史人物，增长学问。此书为安丘第一部历史名著，影响极大。由此可见，王驭超不仅是一位尽职尽责的父亲，更是一位有历史责任感和担当的有识之士，不愧为一代名宦。这样一个以身示范的父亲的形象对王筠的影响是深远的。我们说家庭教育身教重于言教，王筠从小生活在这样一个重视教育和家风严整的家庭，无形中受到父亲良好的熏陶。

外因是通过内因起作用的，王筠取得的成就一方面得益于其良好的家庭环境，更重要的是靠他自身的勤奋和努力。王筠从小就表现出极高的语言文字天赋，家里父亲丰富的藏书更为他的身心成长提供了充足的养料。王筠为官期间，更是效仿父亲的做法，不停地学习和研究，创作了很多的著作，特别是他的《说文释例》《文字蒙求》《说文句读》《教童子法》等影响极大，独树一帜。这种影响不仅是学术上的，更重要的是王筠身上体现的历史责任感和担当的意识，世人给予很高的评价。古语云："夫孝，始于侍亲，终于立身。"王筠做到了，他不仅在他父亲之后立身扬名，光耀门楣，使山东安丘王家成为当地的名门望族，更重要的是秉承了他父亲"达则兼济天下"的胸怀。在语言文字方面的恢宏著作是他治学方面的成就，一部《教童子法》更体现了他作为一个清末时代的读书人的历史使命感和责任感，这就是大孝。应该说，王筠不仅在语言文字界给世人树立了一面学术的旗帜，在大孝面前，王筠更是以身作则用尽一生来诠释"孝"的真谛，给世人树立了一面道德的旗帜，成为后人学习的典范。

不管时代如何变迁，朝代如何更替，孝顺父母、尊敬兄长、忠于祖国、取信于友，都是做人应具备的基本道德和品行。而这种道德和品行的教育绝不是一朝一夕的，所以王筠提出"时时教之"的观点，也就是在孩童的美德培养方面，教育者要营造良好的环境，以身作则，并时常有意识地教育孩童，切不可说一套做一套。我们说各种美德教育都是身教重于言教，这是教子者要切记的。

两晋时期曾提出以孝治天下，尽管没有达到预期的效果，但是，在历史上仍然有一定的影响力。在尽孝方面除了一些历史人物的故事，还有一些经典的历史文章感人肺腑，流传后世。人们常说："忠则《出师》，孝则《陈情》"。"忠"当属诸葛亮的《出师表》，"孝"要数李密的《陈情表》。李密是西晋很有才华的一个人，但是，他的身世十分可怜，从小就没有了父亲，母亲又被迫改嫁，最后李密被他的祖母养大成人。祖孙二人感情深厚，李密勤学苦读，终于学有所成，被举荐秀才和孝廉。在改朝换代之后，晋武帝多次征召有才华的李密，但是，李密却迟迟不领命就职。无奈之下,李密上书陈情,表达自己要先报答祖母的养育之恩,因祖母年事已高,不敢离开。李密还说作为臣子,自己侍奉君主的日子还是比较长的,侍奉祖母的日子却很短,当时李密的祖母已经96岁。《陈情表》中李密的语言感人肺腑,感情诚恳而凄凉,一片孝心感动了晋武帝。晋武帝同情他并奖励他的行为,让他先尽孝后尽忠。后来,李密的祖母去世,李密才实现自己的承诺,到朝廷做官。而今我们国家提倡的德除了包括大方面的美德外,着重强调家庭美德和社会道德,这是对中华传统美德的继承和发展。

王筠说的"孝弟忠信,时时教之",就是要在不同的场合用不同的方式去经常性地教育孩童。时代不同,尽孝的方式也在随着时代的发展而发生变化,但是,尽孝的本质和内容是不变的,那就是发自内心地去爱自己的父母。古代的尽孝方式有些已经不可取了,但是那种孝心精神是我们要一直继承的。教育孩童,除了教子者的身教,在言传时尽量用一些和他们年龄相仿的不同时代的故事,这样对孩童来说更容易接受和学习。如汉代的缇萦救父的故事就能够不受时代的限制。缇萦作为一个小女孩,在那个时代,她的孝心、勇气和智慧令我们钦佩。还有东汉黄香为父扇枕温衾,在《三字经》中就有记载"香九龄,能温席,孝于亲,所当执"。这些都是很好的童蒙养正的故事,必将一代代流传下去。

王筠所在的清代,著名的蒙学教材《弟子规》中"入则孝"一部分对如何孝敬父母从言行举止各个方面有了规范的说明和要求:"父母呼,应勿缓;父母命,行勿懒;父母教,须敬听;父母责,须顺承。冬则温,夏则凊,晨则省,昏则定,出必告,反必面。居有常,业无变。事虽小,勿擅为;苟擅为,子道亏。物虽小,勿私藏;苟私藏,亲心伤。亲所好,力为具;亲所恶,谨为去。身有伤,贻亲忧;德有伤,贻亲羞。亲爱我,孝何难;亲憎我,孝方贤。亲有过,谏使更。怡吾色,柔吾声。谏不入,悦复谏,号泣随,挞无怨。亲有疾,药先尝,昼夜侍,不离床。丧三年,常悲咽,居处变,酒肉绝。丧尽礼,祭尽诚,事死者,如事生。"应该说,在这里,首先是关于孝敬父母的方方面面已经说明得很详细,从日常的生活起居、工作事业到父母离世等。其次就是这里从正反两面来说明不管在任何情况下都要孝敬父母,哪怕是父母偏心或者不喜欢自己,作为子女都要无条件地去爱自己的父母、孝敬自己的父母,所谓生养之恩大于天,就是这个道理。第三就是提到尽孝不是一味地尽愚孝,不要认为父母说的、做的都是正确的,如果父母有不对的地方,作为晚辈要掌握一定的方式去劝谏长辈,这才是真正的孝顺。

在中国,孝道已经成为一种精神文化,孝道是中国古代社会的基本道德规范。为人子女就有孝敬父母、赡养父母的义务。孝道不仅受社会和舆论的监督,同时也受到相关法律的约束。在古代是这样,现在也是这样。2012年6月26日,全国人大常委会首次审议《老年人权益保障法(修订草案)》(下文简称《草案》)。有较大争议的"常回家看看"精神慰藉条款,写进了《草案》。《草案》规定:"家庭成员应当关心老年人的精神需求,不得忽视、冷落老年人。与老年人分开居住的赡养人,应当经常看望或者问候老年人。用人单位应当按照有关规定保障赡养人探亲休假的权利。"中央电视台少儿频道也推出"寻找最美孝心少年"的大型活动,这些措施都是很具有现实意义的。在我国经济高速发展的今天,养老的问题已经日渐突出,一些独生子女的德行教育尤其是如何孝敬父母等都是社会关注的热点和焦点。我们说任何时候孩子都是祖国的未来,只有从小好好培养,孩子长大才能成为有用的人。当今儿童的德行教育要遵循圣人先贤的训导,童蒙养正是非常必要和迫切的。而培养一个孩童的德行,首先就要从教导他有孝心、爱自己的父母开始。孝心是无价的,一个孩童有了孝心,就拥有了一笔巨大的精神财富。

另外,孝道不仅仅是指孝敬自己的父母,还包括爱惜自己的身体和孝敬自己的其他长辈等。王筠的一生应该说是给了"孝"一个最好的诠释,非常符合《孝经》开篇第一段所说的:"身体发肤,受之父母,不敢毁伤,孝之始也。立身行道,扬名于后世,以显父母,孝之终也。夫孝,始于事亲,中于事君,终于立身。"可见,孝可大可小,为人子女可以根据自己的实际去尽孝,但是不管从哪个方面来说,孝都是一个人立身处世的根本。王筠提到"时时教之"就是要强调家庭日常行为规范方面如何孝敬父母,如我们现在教育孩童要听话、懂事,常对爸妈说"我爱你"。有好吃的,先给父母;长辈病了,好好照顾;出门在外,记着打电话,别让家长惦记。孝心不在大小、不分远近等,这些都是"时时教之"的内容和方式,非常具有现实意义。

王筠作为家中的长子,更是深刻地体会到作为兄长应该肩负的责任,所以,他对自己严格要求,无论是在学业上还是为人处世上,都力争成为父母的荣耀和弟弟们的榜样。"长兄如父"和"一日为师,终身为父"等,将兄长和老师比喻成父亲,就是说要像尊敬、孝敬自己的父亲一样去对待兄长和老师。尊敬兄长就是"弟"。为什么要尊敬兄长呢?从社会成员的关系来看,可以说除了父母,最亲近的关系就是兄弟姐妹之间了。因为年龄的关系,家中的长兄、长姐在父母年龄大了的时候,就会承担家庭的责任,照顾家庭和弟弟妹妹。作为弟弟和妹妹就要像尊敬自己的父亲一样尊敬自己的哥哥。我们今天把"弟"理解得更为灵活和宽泛些,就是兄弟姐妹之间要和睦友爱、兄友弟恭,哥哥和姐姐要给弟弟妹妹树立榜样,弟弟妹妹要尊敬哥哥姐姐,相互友爱尊敬。

王筠要求教子者在讲书时要给孩童多讲些正史记载的故事。中华历史源远流长,书籍浩如烟海,这样的故事在历史上不可胜数。童蒙教材《三字经》中"融四岁,能让梨,弟于长,宜先知",讲的就是孔融让梨的故事。孔融是东汉名士,小的时候就很有才华,喜欢读书并且很懂事,那个时候被人称为神童。小时候最有名的故事就是他让梨的事情。据说有一日,他的父亲从集市上买回家一些梨,由于父亲非常喜欢孔融,就先给了他一个最大的让他吃,但是,孔融不要,自己却另拣了一个最小的梨子,说:"我年纪最小,应该吃小的梨,那个大梨就给哥哥吧。"父亲听后十分惊喜。好事传千里,孔融让梨的故事就这样很快在民间传遍,写进历史,代代相传,流传至今,成为古今许多父母教育孩子尊敬兄长的经典故事。这个故事充满了生活气息,可以非常好地教育孩童如何在日常生活中做到敬爱兄长。

《颜氏家训》中专门有一篇就是《兄弟》,颜之推教育自己的后人说:兄弟,是形体虽分而血脉相通的人,小的时候,一同吃饭、睡觉、玩耍、学习。父母去世后,留下兄弟相对,应当像形体和影子、声音和回响一样亲密而不可分离。要是兄弟之间不能和睦相处,则侄子之间就不会相互敬爱,久而久之族中子弟就会疏远淡漠欠亲密。《颜氏家训》此篇就是要后人知晓兄弟团结和睦、关系融洽是一个家庭兴旺发达的关键。俗话说,"家和万事兴""家不和外人欺"。任何时候都不要做"亲于外而欺于内"的不智之举,颜氏在书中举了江陵王玄绍兄弟三人的例子,告诫孩子们要重视手足之情,同甘共苦。

王筠提倡教子者要援引正史中的历史故事,我们可以看到历史上既有美名远扬的正面例子,也有令人唾弃的反面例子,这些都是教育孩童的典型故事。如曹植的《七步诗》就生动形象地说明了封建统治集团内部兄弟相残的悲剧。曹操晚年要确立自己的接班人,按照传统是传长不传幼,曹丕是曹操在世的儿子中最大的。但是,曹操的另一个儿子曹植非常有才华,曹操很是喜欢,有意传位于他。兄弟之间的矛盾就因此而起,当然,最后还是曹丕胜利了。据说,曹丕继位之后,就一直把弟弟当作自己的威胁想要铲除他,于是,有一次,他就借故让曹植在七步之内吟出一首诗,否则就要杀了他。曹植在这紧张的时刻竟然做到了,并且用比喻的形式触动了他们兄弟之间最柔软的感情,最后文帝曹丕作为兄长被感化,而不悌的曹丕也被指责千年。由于封建统治集团内部权力争夺激烈,手足相残的事情也是不胜枚举,但是,不孝不悌之人终要受到良心和道德的谴责。

不管是对小家来说,还是对整个国家来说,孝悌都是非常重要的德行,是促进家庭和谐、社会稳定的道德保障。王筠提倡的"孝弟忠信,时时教之"绝不是空洞的说教,而是自己的经验所得。"孔怀兄弟,同气连枝",兄弟之间要相互关心,彼此气息相通,因为兄弟之间有直接的血缘关系,如同树木一样,同根连枝。只有兄弟之间和睦相处,才能使自己的家族根深蒂固,枝繁叶茂。再者,兄弟如手足,手足相残、同室操戈无论成败如何,都必定会大伤元气。历史上兄弟反目的惨痛教训并不鲜见。而事实上,这样做不但有违兄弟之道,也有违孝道,因为兄弟反目最痛心的是父母。所以《弟子规》中才说"兄道友,弟道恭;兄弟睦,孝在中"。也有诗云:兄弟连枝各自荣,些些言语莫伤情;一回相见一回老,能得几时为弟兄。弟兄同居忍便安,莫因毫末起争端;眼前生子又兄弟,留与儿孙做样看。

关于兄弟之情,或许古人比我们现代人更加看重。在这方面,除了我们上面提到的人物故事,晚清重臣曾国藩可以说是一个典范。他曾在自己的家书中不止一次地提到兄弟之间和睦相处的重要性。其中一封给父母的信里就有这样的几句话:"夫家和则福自生,若一家之中,兄有言,弟无不从,弟有请,兄无不应,和气互帮而家不兴者,未之有也。反是而不败者,亦未之有也。"曾国藩能看到兄弟和睦是家和的一个重要因素,同时,他还在写给弟弟的家书中提出兄弟之间和睦相处之道。这些都是兄弟和睦互敬互爱的典范,值得我们后人敬仰和学习。

王筠要求教育孩童不要空洞地说教,特别是孩童的德行教育,要用浅显易懂的历史故事来教育。这是非常符合孩童的身心发展规律的,是尊重孩童、爱孩童的体现。少年是国家、民族的未来和希望,少年时期更是培养孩子各种良好习惯和行为规范的最佳时期。王筠要求教子者要讲究教育的艺术,因势利导。梁启超在《少年中国说》中就提出"少年强则国强"等,也是要我们重视孩童的教育。道德社会关系中基本道德情感的培养需要从"孝弟"开始,它是一切美德的基础。"孝弟"本意虽然是一个家庭观念,但家庭是社会的细胞,也是国家的基本单位。有了家庭的安定和睦,才能有社会的和谐发展和国家的长治久安。

除了孝悌,王筠专门提到"忠信"二字。如果说"孝弟"是家庭伦理方面的为人规范,那么,"忠信"就是社会道德方面的为人准则。王筠就是要教子者时时刻刻把这些为人处世的基本准则教给孩童,让孩童从小打下做人的坚实根基。

自古有"忠孝不能两全"的说法,在这里,忠孝相提并论,可见忠孝对一个人来说是非常重要的。这里的孝是狭义的,我们说的大孝、至孝就是忠于自己的国家和民族。"忠"的意思是忠诚,尽心竭力。当然,在我国漫长的封建社会,"忠"往往被理解为忠君,忠君就是爱国,对君主忠贞就是热爱自己的国家。这种认识的产生是受时代的局限和封建统治者的思想影响的。从几千年的历史中我们可以看到,那些在国家和民族处于危难之际忠于国家和民族的爱国英雄,可以看到那些在太平盛世竭尽全力为国为民、鞠躬尽瘁死而后已的忠臣良将,他们都是真实的历史人物,激励一代又一代的爱国志士积极地投入国家和民族的建设中,这是榜样的力量,更是民族精神和文化的魅力。王筠从小接受儒家思想,他提出的"忠"自然也是儒家思想的"忠",王筠在这里是要教子者从小要注重培养孩子热爱自己的国家,从某种意义上来说,这就相当于是我们现在说的爱国主义教育。

在封建时代的中国,既有盛世也有乱世,忠信的表现也就有大有小。太平盛世的时候,一个人忠于自己的事业就是忠于国家的具体表现;时局动荡的时候,有担当的意识,并竭尽全力发挥自己的价值和作用就是爱国的表现。

正史书籍中这样的历史人物有很多。南宋民族英雄岳飞,从小就有报国之志,他在看到自己国家的人民被金人践踏和蹂躏的时候,积极组织人民抗击金人的侵略，并在抗金的战争中屡屡打胜仗，使金军发出了"撼山易，撼岳家军难"的哀叹。岳飞虽然被杀害了，但他精忠报国的爱国精神是不可磨灭的。还有文天祥，他被捕后面对敌人的死亡威胁大义凛然，面对高官厚禄的诱惑毫不动摇，最后慷慨就义英勇牺牲，他的"人生自古谁无死，留取丹心照汗青"更使他爱国的赤诚之心名垂千古，流芳百世。相反，那些在国家危难之际叛国投敌、卖国求荣的人将会遗臭万年。

王筠生活在清朝末年，社会发生着巨大的变化，在清末内忧外患的背景下，作为一个知识分子、一个读书人，王筠更是有着强烈的忧患意识，感到责任的重大。所以，他一生笔耕不辍，研究学问并进行大量的著述，就是在他任职期间，事务繁忙的时候，也不曾间断学习研究。一日不曾废学，这就是"忠"在王筠这样一个读书人身上的体现，忠不一定都是为国家抛头颅、洒热血，每个人都可以尽自己最大的努力以不同的形式去表达自己的爱国之情。王筠在这方面又给我们树立了很好的学习典范。

儒家思想在人与人交往中很重视信义。《论语》中"言必诚信，行必忠正"强调"与朋友交，言而有信""信近于义，言可复也"。孔子主张"言必信，行必果""人而无信，不知其可也""千乘之国，敬事而信"。这里就是要求，从个人到国家都要讲信用，个人不讲信用就无法在社会上立足，什么也做不成；一个国家，如果不讲信用，轻则落后不发展，重则亡国灭种。孔子要求自己的学生时时刻刻都要牢记"信"字，加强修身养性，这样才能有朝一日齐家治国平天下。"信"还体现在言行一致方面。在中国汉字中，"言"不仅仅是指说出来的话，更多的时候侧重指一个人的承诺和誓言，它在人们的心中占有重要的地位；"行"也不仅仅是指一个人的吃喝等简单的动作行为，更是一个人一贯的为人处世的行为风格和特点，是一个人的人品、素质、道德的体现。所以"信"的内涵是极其丰富的，但是它的表现是通过具体的事情来呈现的，而事情不论大小都要做到言行一致，"谨而信""与朋友交，言而有信"是为人处世的基本规范之一，所以王筠要求教育孩童从小就要教育他们重承诺，言行一致。

《教童子法》是王筠晚年应朋友之请而写出来用来帮助朋友教育孩子的著

作。王筠的挚友陈雪堂写信想让王筠给他写一下"四书"方面的知识来教育自己的孙子。王筠曾经见过其小孙子,看他"识字灵敏",认为"当有可教"。所以,虽然自己已经年老,还是答应朋友之请,尽自己最大努力完成所写文章。由此可见,王筠对待朋友是真诚的,并且做到了言行一致。《教童子法》不仅是很好的教育著作,更是王筠对朋友诚信的表现和作为一个教育家强烈的责任感的体现。

我们经常说"一诺千金""君子一言,驷马难追"等,都是说为人处世要讲信用。孔子曾说过"民无信不立",也可以说就是"人无信不立",这是被历史反复证明过的。讲诚信显示着一个人的高度自重与尊严感。不管做人做事都要秉承讲诚信和重承诺的传统,不管是从事哪种行业、到哪个地方都是一样的,这是个人成长和社会发展的需要。

"曾子杀猪"的故事应该说是家喻户晓的,这也是一个对孩童来说很好的教育材料。它讲的也是家庭教育对一个孩子的成长很重要,特别是父母的言行举止会深深地影响孩子的发展,为人父母要树立正确的教子思想和观点,并且要身体力行。物质上的贫乏不是最可怕的,精神上的愚昧和穷困才是最可怕的。家庭教育要时刻牢记"身教重于言教"。"得黄金千斤,不如得季布一诺"讲的也是关于诚信的故事。重信守诺本身是不带任何功利色彩的,是个人德行的需要,但是,却能够给讲诚信的人带来意想不到的收获。我们都知道秦朝是在商鞅变法的基础上一步步强大起来的,但是,商鞅变法开始是怎样获得百姓的信任和支持的呢?据史料记载,商鞅变法受到的阻力很大,为了获得民意,商鞅就立木取信。商鞅就是这样用城门立木的方式获得了百姓的信任,开始了他的变法。这些成功的正面的典型例子,历史上还有很多。

施教者要牢记王筠的"孝弟忠信,时时教之"的思想,让孩童在无形中接受这样的德行教育。在历史上也有反面的典型。"烽火戏诸侯"的故事大家都不陌生,它从反面告诫世人一个人不讲信用在某个时候就会自取灭亡、亡国灭种。施教者在教育孩童的时候就要充分利用这些史料,采用对比的方法告诫孩童,一面是一诺千金,立木取信,一面是言而无信,玩"狼来了"的游戏,结果是截然相反的,这样孩童就能够明辨是非,获得启示了。教子者切不可只是空洞地说教而没有生动形象的例子,这样是达不到教育孩童的目的的。所以对孩童的德行教育一是要灵活,就是王筠说的要多引用材料;二是要持久,即王筠说的"时时教之",这样才能见成效。

大树成长的力量来自扎根大地的根,根深蒂固了,才能枝繁叶茂,成为参天大树。宏伟高大的建筑能够坚实牢固源于厚重坚硬的基石。一个人的健康成长来自从小打下坚实的底子,所以德行教育要趁早、要灵活、要持久。施教者不能忽视这些圣人先贤的教育思想,要重视,更要继承和发展。

"孝弟忠信"是一个人德行教育的主要内容,在一个人的成长和发展中起着至关重要的作用,不能缺少。"时时教之"是实施德行教育的一个非常重要的特点和原则,不能背离。王筠在圣贤先哲思想精华的基础上再次明确强调了"孝弟忠信,时时教之"等德行教育对孩童成长的重要性。这是一代语文教育大家一生经验和智慧的精华,对世人为人处世和语文教育教学都有很大的启发意义,是中华传统文化中一笔宝贵的财富,值得我们好好地珍藏和学习,我们要继承和发展,不断将其发扬光大,这样我们的教育薪火才会一代一代传下去,永不熄灭。

第六章

个性的教育理念

《说文句读》(局部)

王筠作品中的教育思想

在教育理念上,王筠在《教童子法》一书中继承并发展了传统的语文教育思想。他总结了前人的教育经验,并将其延伸到自己的教育实践中,将已有的教育经验与自己的教育实践相结合,总结并发展了自己的教育思想,提出"学生是人"等教育理念。他在对童蒙汉字教学的亲身实践中,坚守"学生是人,不是猪狗""人皆寻乐,谁肯寻苦"的先进的个性教育理念。他认为教育必须要做到尊重学生的个性,这样才能充分发挥人的积极能动性。人都有寻乐的天性,在教学实践中要努力培养学生的学习兴趣,推崇乐学教育。他说"小儿无长精神,必须使有空闲",即要实现乐学教育,就要尊重儿童的天性。儿童没有长久学习的精神,就要时常告之以典故来增强他们的学习兴趣,使之积累知识。王筠将"学生是人"的教育理念作为教学实践的灵魂,贯穿在整个汉字教学中。他还总结出很多行之有效的教学方法,使丰富的人文育人功能在汉字教学中得以充分体现。

第六章 个性的教育理念

第一节 学生是人,不是猪狗

"学生是人,不是猪狗"这个概念是由王筠首先提出的,这是一个自然教育的哲学命题,也是他全部教育思想的核心,贯穿于他的代表作《教童子法》全书,也是《教童子法》的最大价值所在。

王筠的《教童子法》基于传统教育孩子的方法,根据儿童生理和心理特征,提出了科学、合理、符合教育规律的主张。他尊重学生、善于解放学生个性,并以此为出发点,认为作为受教育对象的学生,他们首先是人,一个自然人,也是一个社会人,是非常重要的教育因素。他主张教育要尊重学生的个性,符合人性,发挥人的积极主动性,注重综合的语文教育。对于识字、写字、读书、属对、作诗、作文等语文教育内容,王筠在《教童子法》一书中做了系统而全面的论述。对于语文教育的原则、过程、方法,王筠也在此书中提出了新的见解,这些都是以这一根本的教育观念为出发点和落脚点的。

"学生是人",指的是要把学生看作是完全独立的个体,对学生的教育要针对其个体差异来进行,不要千篇一律,埋没学生的个性特点。《义务教育语文课程标准(2011年版)》在课程基本理念中明确指出:"语文课程必须根据学生身心发展和语文学习的特点,爱护学生的好奇心、求知欲,鼓励自主阅读、自由表达,充分激发他们的问题意识和进取精神,关注个体差异和不同的学习需求,积极倡导自主、合作、探究的学习方式。教学内容的确定,教学方法的选择,评价方式的设计,都应有助于这种学习方式的形成。"由此可见,现代教育对学生的主体地位予以充分肯定,鼓励根据学生自身特点因材施教,发掘其无限的潜力,从而培养出有特点、国家需要的人才。这可以说是对王筠"学生是人"这一观点的深化和延伸,尊重了学生这一个体,突出了学生的主体地位,是当今教育的核心。

王筠作品中的教育思想

王筠注重并实施人格教育的理念,倡导"以人为本,因材施教"。他的《教童子法》首次果敢地批评了那个时代的儿童教育,无知的教师教的孩子"只可谓之猎食",一针见血地指出了无知的教师分裂、耽误儿童的现实。他主张"蒙养之时,识字为先,不必遽读书",意思是教学重点要根据学生成长的不同阶段设定,在教学方法上,注重循序渐进。这一观点是针对当时的儿童教育急于求成而不讲求教学方法的愚钝教育方式而阐发的。"学生是人,不是猪狗",他的这一发自内心的呼喊,不仅表达了他对当时教育革新的迫切愿望,而且具有提倡个性解放的深远意义。与此同时,他还推崇儿童教育必须根据儿童的性格特征,包括生理特征、心理特征和兴趣等来实施教学,使儿童在"书中得有乐趣",即在获得知识的过程中充满快乐和兴趣,从而在这个愉快学习的过程中提高学习效率,并增强对所学知识的吸收度。

王筠提出的"学生是人,不是猪狗"这一观点,反映了他针砭时弊、矫枉返正,不为时代固有的教育模式所拘囿,追求个性解放的切实目标和远大理想。"师与君父同也",然而,世俗无知之师却不尊重学生,压抑和扭曲学生的个性发展,扼杀了学生的天性,枉费了学生潜在的才华,埋没了人才。

个体的人在社会和教育中所形成的特性即为个性,它有两个显著的特点,即稳定性和可变性。牢牢把握个性的这两个特点,对于儿童教育也是非常重要的。若教育者不分贤愚敏钝,甚至依据自己的意愿,"欲其为几也,即曲折其木以为几"。无视甚至压抑学生的个性,结果只能使其"生机不遂,而夭阏以至枯槁"。无知之师教授弟子字书却不加以详细的讲解,每日都要弟子诵读。弟子不理解其大意,就像是在"念藏经、嚼木札",毫无乐趣可言,那么学习的效果也就可想而知了。无知之师有时还"手执夏楚二物",体罚学生,不尊重学生的人格。王筠说,无知之师"不知器是做成的,不是生成底",这是他们最大的罪过,可以说延误了一个时代的发展。

在无知之邪师面前,王筠说:"学生是人,不是猪狗。"他主张应以平等之人格去对待学生,解除束缚幼童个性发展的各种枷锁,还孩子以快乐,重新贯彻孔孟以人为本的教育理念。孔子认为"性相近,习相远",教育应发挥育人的关键作用,以圣人作为人的最高目标。孟子认为人皆有善端,只有通过教育,人的善端才能始终处于主导地位,善的潜能才能得以发挥。"学生是人,不是猪狗",是对孔孟的存善求为的以人为本思想的继承和发展。王筠主张平等对待儿童,使儿童自由发展,体现了儿童是学习主体的教育理念,即今天的学生是学习主体的教育思想,这一点是值得充分肯定的。

王筠指出当时的教育无视学生是个体的人,限制学生个性的发展,将原本有个性的人同化为无特点的人,对他们的想象力和创造力造成很大的影响,这是教育最根本、最彻底的失败。当时的教育无视"学生是人"主要表现在以下几个方面:

首先,无视"学生是人",造成了当时学生死读书、读死书。王筠认为,如果学生根本领会不到书中内容所要表达的意义,那么读书时便不会从中得到任何乐趣,这样的读书就如同"嚼木札"而已。然而,学生终究是人,他们有思想,有感情,有强烈的学习欲望,有自然的寻乐天性,"钝者或俯首受驱使,敏者必不甘心"。因此,"读书而不讲"的教学模式是王筠特别反对的,"奄奄如死人"的学生也是他尤其不喜欢的。他主张教师要生动活泼、详略有致地讲解,以此来激发学生的兴趣,把原本的死书讲得活泛,把原本死的知识发散成活的细胞潜进学生的思维,使学生体会到一种有意义的学习过程,并在这个过程中感受到学习的快乐和愉悦,而不是枯燥和痛苦。因此,注重"学生是人",教师把死书教活,学生把死书读活,这样才能最大化地实现教育的意义。

其次,无视"学生是人",对学生进行体罚,摧残学生。一些才能平庸的教师不仅不尊重时代的教育规律,反而实行野蛮的棍棒教育,"执夏楚而命之""日以夏楚为事"。这种行为是不尊重学生人格的体现,是当学生猪狗一般的落后的原始教育,其结果也仅仅是使孩子的身心受到摧残,最终损毁人才,起不到任何积极进步的作用。如此的教者,难道他是无辜的吗?王筠认为,教师教育学生,第一重要的就是应该尊重学生,善于诱导,并寻找鼓励他们的合适机会。即使批评也要讲求方法,而不是不择手段地蛮来,否则会给学生的身心健康发展带来不利的影响。他说:"孔子善诱,孟子曰教亦多术,故遇笨拙执拗之弟子,必多方以诱之。既得其机之所在,即从此鼓舞之,蔑不欢欣,而惟命是从矣。若日以夏楚为事,则其弟固苦,其师庸乐乎?"这是一种严格和宽松相结合的优良的教育传统,都提倡严格的教学,同时也注重鼓励、赏识教育。这样在尊重学生人格的同时,也使他们在轻松愉快的氛围中获得了知识,是一种值得延续和传承的良好教育模式。

压抑和扭曲学生的个性,是无视"学生是人"的又一表现。我们所说的个性包括两个方面,第一个方面是指人与自然的共同特征,也就是说人的本质;第二个方面指的是个体的人在社会和教育的影响下形成的个人特点。王筠认为,学生是人,就要尊重学生的个性,也就是人的本性和特性中存在的那些合理、积极的因素。根据人的个性具有稳定性和可变性的特点,在教育中,对于"敏者"和"钝者"要加以区分,对于"大才"和"小才"要予以识别,而不能一会儿视为"废才",突然又视为"天才",甚至按照教者的主观愿望,"欲其为几也,即曲折其木以为几",使学生的个性受到压抑和扭曲,学生只能像树木那样,活力尽失,从而久治不愈,夭折枯死。王筠所提倡的个性解放,就是要承认学生的人格和价值,使影响学生个性发展的各种束缚和阻碍得以解除和清理,并能够做到因材施教,让学生的个性自由而健康地发展。他说:"教弟子如植木。但培养浇灌之,令其参天蔽日,其大本可为栋梁,即其小枝,亦可为小器具。"尊重学生的个性发展,是蒙童教育中比较重要的元素,是影响学生一生发展的开端。

针对当时儿童教育的种种弊端,王筠发自内心深处地呼号——"学生是人,不是猪狗",在喊出他教育改革心声的同时,还具有另外一个重大意义,那就是提倡个性解放。从这一教育理念出发,王筠提出要尊重学生人格,顺应和发展学生天性,发挥学生自身优势,甚至鼓励学生张扬个性,使其成长为有个性、有特点的人,培养出独具特色的人才,满足时代发展的需要。他根据儿童的生理和心理特点,如"小儿无长精神""手小骨弱"及"佳子弟多有说不出口底苦"等,对于愉快教育给予高度重视,认为应让儿童在愉悦的气氛中学习,从中寻求乐趣,以提高学习效率,取得明显的效果。"人皆寻乐,谁肯寻苦?读书虽不如嬉戏乐,然书中得有乐趣,亦相从矣。"他的这一著名论断从人的本质出发,将天真活泼、有寻求乐趣天性的人界定为教育对象。即尊重学生的个性,将学生看作是有个性的人,实施乐学教育。如果他们被迫地"嚼木札",那么自然地会将学习看成是人生一大苦事,因此而产生的厌倦和抵触情绪也是不言而喻的。家长和教师都应该极为重视这一点。"佳子弟多有说不出口底苦,为父兄者亦曾念及乎?"作为教师,不仅要让学生理解所学内容,并从中找到乐趣,同时还要遵循循序渐进的原则和量力性原则,更大限度地实现愉快教学。

儿童教学中,量力性原则也是应该遵循的重要原则。王筠认为,读书不宜过早,作文不宜过早,写字不宜过早,考试也不宜过早。比如写字,"小儿手小骨弱,难教以拨镫法";又比如考试,"若绝无根柢,幸而入学,即长进,亦三等也,三等既久,便甘心以阘冗自居,岂不误一生乎!"可见,如果超出了学生的承受能力,将会给学生的身心带来损害。根据儿童的注意力不容易保持太久,又喜欢寻求乐趣的特点,王筠主张在学习的间隙,一定要为学生留出一些休息和娱乐的时间,而不能压得太重、卡得太死,正所谓"小儿无长精神,必须使有空闲",讲的就是这个道理。也就是说,在学习的间隙里,要给学生讲一些知识性强、比较有趣的故事,或者提出一些有意思的问题。例如每天都要告诉学生一些"死典故",三天或四天后,再告诉他们一些"活典故"。告诉他们"死典故"是为了培养他们积累知识的记忆能力;告诉他们"活典故",则可以培养他们的思维能力和解决问题的本领。而这些是在学生的课余时间,在没有任何压力的情况下实施完成的。《教童子法》一书中所论述的很多教学方法,都是王筠愉快教学思想的具体体现。

愉快教育不是由王筠发起的。在古代,很多教育家对这一观点多少都有相关论述。然而,如此强调愉快教育,并将其提升到如此高度,王筠是第一个。更重要的是,他以"学生是人"这一根本认识为出发点和落脚点,作了更深层次的教育哲学的思考,这是王筠比中国古代其他教育家了不起的地方。

既然"学生是人",那么就要充分发挥学生的主观能动性。封建传统教学往往无视学生的主观能动性作用,即使不把学生看作猪狗,也把学生当作是储存知识的容器。王筠在对这种教育弊端奋力抨击的同时,也旗帜鲜明地倡导在一切教学活动中,要尽最大努力使学生的自觉性和主动性得到最大限度的发挥。教师的职责是要善于"涵养诱掖,待其自化",使学生的主观能动性得以充分发挥,这才是正向的教育、成功的教育。

王筠作品中的教育思想

在识字教学中,王筠主张教给学生识字的方法,培养学生识字的技能。他认为:"人之不识字也,病在不能分,苟能把一字分为数字,其点画必不可增减,且易记而难忘矣。"这样,学生在学习生字时,根据字形的结构规律,不仅能有效地提高记忆效率,而且有利于对生字的理解。学生如果掌握了这把识字的金钥匙,在学习上会变被动为主动,极大地提高识字的效率。他还尤其强调利用卡片来提高学生的"自解"和"横解"水平。"自解"就是每天打开一包容纳五十个字的生字卡,在没有上下文的情况下,"必须逐字解则茁实,异日作文,必能逐字嚼出汁浆,不至滑过"。"横解"是指在解释同一个生字时,应该说明"在某句作何解,在某句又作何解,或引伸,或假借,使之分别划然,即使之展转流通也"。这两种方法,简单来说,一种是不联系上下文去解释字词,另一种是放在不同的语言环境中去解释字词。两者相辅相成,远比机械识字更为积极主动,学得更扎实有效。

在阅读教学中,王筠说要使学生的口、手、脑同时并用,以使他们的阅读能力得以提高。首先,倡导精读强记法。即遇到好的文章,要抄下,"录讫,乃朗诵十余遍,粘之壁间",然后,每天都要诵读几段,"务期精熟,一字不遗",随学随用,每年不隔天,那么一年的时间就可以学到三千段左右。王筠说这种阅读方法与那些"泛览者,略得影响而止"的阅读方法相比较,可以收到"约取实得"的效果。其次,倡导"圈我抹我"法。即要求学生"一有所见,即写之书眉,以便他日涂改","篇篇皆使学生圈之抹之,乃是切实功夫"。否则,读过的书干干净净,就可以知道那是没有用心去阅读的。每当学生有了新认识的时候,就要"圈其所抹,抹其所圈"。这一变化现象,反映的不是"圈他抹他",而是"圈我抹我"。实际上学生就是在这不断的自我否定的过程中,更新自己的认识,走向成熟的。

王筠主张阅读和思考相结合,这一点也最能体现学生的主动学习精神。学生只有经过了思考,理解了所读的内容,才会感到意趣横生。他要求学生在阅读时思考阅读主体的含义、命意及其与文章的关系,"先看其题,无不解也""及看其文,知我所解者非也",通过反复地阅读,纠正乍看之下似乎理解正确,阅读时不是太理解的偏差,最终达到领悟到它的"制局命意之所在"。教师讲解,必须将学生的理解作为宗旨、作为归宿。对于那种只是"出之我口,便算了事"的做法,他是坚决反对的。学生背书,"若只是从唇边过,便不济事"。为了促进阅读和思考相结合,王筠主张教师"为弟子讲授,必时时诘问之,令其善疑,诱以审问"。如这里与某处说法不一致,"师令退思之而复讲……","如是者,每日必有之"。学生退下思索后,或由教师起讲,或由学生复讲,总是通过师生共同思考来完成的。他还提倡学生通过思考去发现问题。每天早饭之后,让学生去陇畔畦间,"各自理会去",回来之后再在一起"各道其所理者,何经何文,有何疑义",然后,"先生解说之"。这样有读有议、有疑有解的教学活动,是读思结合这一良好学风的具体体现。

在作文教学中,王筠更注重培养学生的积极性和创造性。为了充分发挥学生写作的积极性,他提出了两个原则:"以放为主"的指导原则和"以圈为主"的批改原则。"以放为主"就是引导学生写作文时要更注重实践,多写多练,在内容和形式上都不要受约束。"以圈为主"就是在批改学生的作文时,要多给予鼓励,比如用嘉赞性的圈号。当然,在虚字不顺的地方,"少改易之"。王筠认为,学生的作文是在"屡次脱换"中不断得以"自化"的,教师不能一味地督责,而要善于引导,"则文境必大进"。

在作文命题方面,王筠敢于冲破从经籍中出题、代圣人立言的藩篱,提出合乎科学的独到见解。他赞成"题目皆可自撰",不一定非要由教师来出题;"以目前所遇之事为题",让学生写自己最熟悉的生活;写咏史诗,"所读之书,无往非题矣",更便于读和写相结合。在学习范文时,不能受范文的拘囿"窘束于规矩之中",而是要竭尽精力地去思考,汇集精华,有所创新,"驰骋于规矩之中"。最难能可贵的是,王筠还强调口头作文。他介绍别人的经验:拟定若干个题目,制成题签,放到书筒内,每天吃过饭之后,让学生从筒内抽出十个签,每人当众"讲说思维,令有条贯"。经过这样一番有理有据、有条有序的口头练习,"逮作文时,遂可不劳余力"。这种让学生"吾口说吾心、吾手写吾口"的做法,可以使学生真正成为作文的主导者。

学生是人,就要发挥语文育人的综合性。《教童子法》是研究语文蒙学教育的专著,但由于确立了"学生是人"这一教育观念,王筠并没有把研究的目光停留在一般的语文教育问题上,而是更深一层地探讨语文教育要培养什么样人才的问题。王筠说要注意人的合理发展和全面发展。他指出不要指望子弟人人都为圣贤,虽可以有"望子弟为鼎甲"的目标,但要根据每个人或钝或敏的情况而定。他

王筠作品中的教育思想

尤其强调人要德、智全面发展。他批评了当时人"以功名为学问,几几并以为德行"的不良风气,对于德育的重要性予以重申与强调,"应对进退,事事教之;孝弟忠信,时时教之。讲书时,常为之提唱正史中此等事,使之印证",即使练习写字,也不能让学生学习有奴颜媚骨者的书法。

既然学生是人,亦应得到全面发展。科举虽是童子之务,然除习时文排律外,教师还应教授其他,使弟子经、史、子、集诸部皆有所读,使之相互印证,"兼资博洽矣"。王筠还告诫弟子"不可痴想功名",应兼修功名、学问、德行三事,做内外兼修的圣人君子。功名、学问、德行并重,这也是他培养理想人才的三大标准。而且,他认为蒙学语文教育具有全面综合育人的条件,应该努力达到这个标准。他把训练的目标分为三个等级。《教童子法》开门见山地提出:"不敢望子弟为圣贤,亦当望子弟为鼎甲。"这里把圣德贤行视为人生最高境界,作为教育的最高目标。封建社会读书人向往并拼力奋斗的最高理想就是取得功名、入朝做官,这自然应成为教育力求实现的期望目标。但王筠认为功名必须以学问为前提,"凡功名无论大小,得之必学业长进""学问既深,坐待功名,进固可战,退有可守"。所以他非常重视教师的善教和学生的善学,以"能使子弟作博学"。他警告学生"不可痴想功名",把时文排律作为敲门砖是他极为反对的。从这个意义上来说,"望子弟为鼎甲"的目标旨在推动语文教育的发展。

同时,王筠清醒地认识到,蒙学教育毕竟是基础教育,大多数儿童并无接受大学教育进而取得功名的可能,因此,要教他们掌握最实用的知识。掌握日常最必需的读写能力,学以致用,这应是蒙学教育最基本的目标。如果无视这一特点,单纯追求功名,不务实学,"时文排律之外,一切不学",一旦功名不成,"则所学者无可以自娱,无可以教子,不能使乡里称善人,士友称博学",那就成了于社会百无一用的"废才"。在这一点上,王筠的确是很开放和务实的。

王筠所提出的师生关系更多是从教师的角度论述的,提出无知之师轻贱学生人格,压抑学生个性,而一味追求科举考试的教法是极不可取的。教师对待学生要遵循平等的原则,对学生的人格和个性要给予充分尊重。书中讲:"师与君父同也。"教师是师长,犹如君父,往往处在不可动摇的权威地位。教学中,教师扮演的是"传道授业解惑"的角色。因此,师生不可能取得真正的平等关系。但王筠从"学生是人"的角度出发，注重学生之间的个体差异和兴趣爱好，提倡让学生个性得到自由发展，从而使学生获得全面的发展，这些都是值得肯定的。

关于教师和学生的地位与关系，《义务教育语文课程标准（2011年版）》在课程基本理念部分也有论述。同样提出教师和学生在教学中都有主动性和创造性，师生是平等的。这是对传统的师生地位和关系的因承和发展。"学生是学习的主体。"学生在学习中的主体地位是不可动摇的。"语文课程必须根据学生身心发展和语文学习的特点，爱护学生的好奇心、求知欲……充分激发他们的问题意识和进取精神，关注个体差异和不同的学习需求，积极倡导自主、合作、探究的学习方式。"这是当今语文教育对"学生是人"这一观点的充分肯定和倡导。

"教师是学习活动的组织者和引导者"，教师要转变观念，"确立适合社会发展和学生需求的语文教育观念，注重吸收新知识，不断提高自身的综合素养。应认真钻研教材，正确理解、把握教材内容，创造性地使用教材；积极开发、合理利用课程资源，灵活运用多种教学策略和现代教育技术……精心设计和组织教学活动，重视启发式、讨论式教学，启迪学生智慧"。教师只是组织者和引导者，开展教学活动、进行语文教学就是为了使学生获得语文素养，培养学生的语文实践能力。因此，王筠的"学生是人"这一观点，一直在语文教育中发挥着重要作用，贯穿在各个时期语文教育改革的路线中，始终主导着语文教育的全局。

王筠"以人为本"的教育学思想给我们带来启示的同时，更多的是一种对当今教育的深入思考，尊重学生的个性发展，注重学习成绩较差的学生，因材施教，这样才能真正使以人为本的思想得以践行。

近年来，由于升学压力和随之而来的就业压力，一些学校和教师无视国家教育行政部门的规定和措施，导致学生课业负担过重。主要体现为："书本多、课程多、补习多、资料多、考试多、竞赛多，学生每天学习的时间过长，睡眠严重不足，不少学生不堪重负，致使学生视力下降，心理压力沉重，缺乏创新意识，严重阻碍着学生全面地、生动活泼地、主动地发展，严重损害了学生的身心健康。"[①]

[①] 张利虹：《论学生"减负"的瓶颈因素及对策》，《现代中小学教育》2005年第5期，第7页。

不顾学生的接受能力和兴趣爱好,把学生当作考试机器,不仅教师如此,许多家长也是这样。因此,全国首个专注于家长教育的培训机构圣陶家长学堂就把"教会家长如何科学地教育孩子"当作自己的使命。王筠早在《教童子法》中批评过:"今之教者,欲其为几也,即曲折其木以为几,不知器是做成的,不是生成底,迨其生机不遂,而夭阏以至枯槁,乃犹执夏楚而命之曰:'是弃材也,非教之罪也。'"

培养学生全方面发展,减轻学生课业负担,日渐成为推行素质教育体制下亟待解决的问题。要做到以人为本,就要使语文教育彻底回归其注重人文关怀的初衷,体现其对于"人"本身发展的关注,尊重学生及其发展。在教学过程中,教师不应该作为一种既定的权威,掌握着真理的评判标准,而是要起主导性的作用,要主动担当起引导学生的努力方向、培养学生的学习兴趣、激发学生创新能力的任务。只有"授之以渔"而不是"授之以鱼",因势利导,因材施教,才能让学生在进入社会时,快速地把自己所学的知识转化为生产力,更好地服务社会。

第六章　个性的教育理念

第二节　人皆寻乐,谁肯寻苦

关于乐学教育,自古就有,随着时代的发展,乐学教育也越来越受到重视。如《论语》中所说"知之者不如好之者,好之者不如乐之者",拿学习来说,就是知道怎么学习的人不如喜欢学习的人;喜欢学习的人,又不如把学习当成乐趣的人。人们以此来比喻学习知识或技能,爱好它的人比知道它的人接受得更快,而以它为乐趣的人比爱好它的人接受得又快一些。讲的就是兴趣对学习的重要性,所以学习知识首要的不是方法技巧,而是培养学习的兴趣。我们常常说,兴趣是最好的老师。如果学生对学习知识有兴趣,那么就会变得积极主动,把学习当作是一大乐事,在快乐愉悦的氛围中学习,不仅能提高学习的效率,还能够加深对知识的理解和吸收,这样才能将学到的知识灵活地运用到实践中去,发挥知识效益的最大化。

在学习中,王筠也提倡教师愉快教学,提倡学生乐学。寻乐是人的天性,将教育与人的天性结合起来,可以发挥最大化的学习效益。王筠从人的本质出发,把天真活泼的、有寻求乐趣天性的人定义为教育的对象,由此提出了"人皆寻乐,谁肯寻苦?读书虽不如嬉戏乐,然书中得有乐趣,亦相从矣"这一论断。教师的任务除了让学生理解、掌握所学到的内容之外,还要让学生从学习的过程中发掘乐趣。同时,也要遵循循序渐进和量力性的原则,做到先易后难、先简后繁、由浅入深地去讲授知识、教育学生,让愉快教育从理论的殿堂走向实际。

"人皆寻乐,谁肯寻苦?读书虽不如嬉戏乐,然书中得有乐趣,亦相从矣。"王筠从人人都希望寻乐、不肯寻苦的人之常情说起,提出要在读书中寻找乐趣,让儿童在愉快的氛围中接受愉快的教育。学生一旦在读书中获得乐趣,学习的主动性和积极性就会随之提高,学习就会有所收获;学有收获,就会增强学生的学习兴趣,从而进入乐知好学的良性循环。

王筠作品中的教育思想

  学习知识的原动力是"乐",学生拥有了这种积极向上的情绪状态,才能更深入地钻研学问。既然如此,作为一名教师,就要坚持鼓励和引导学生,提高学生学习的主动性和积极性,让学生以兴趣为出发点去研究学问,把学习当作自己的意愿和需要。这就要求教师不断优化自己的教学方法和教学理念,善于启发学生学习的内部动机,激发学生的学习兴趣,实现从"学会"到"会学"最大限度的转化。当然,能否让学生对自己的学习内容产生浓厚的乐知兴趣,是否能达到一种和谐融洽的课堂氛围,这也是衡量一个教师是否合格的标准。王筠说:"观其弟子欢欣鼓舞,侈谈学问者,即知是良师也。若疾首蹙额,奄奄如死人者,则笨牛也,其师将无同。"这也不是没有道理的。

  王筠强调"学生是人",是为了适应和发展学生的内在本质。既然重视"学生是人",在教育中王筠特别注重愉快教育,尊重学生的个性,把学生看作真正的人,根据儿童的生理和心理特点,设置教学内容和教学方式,让学生在欢乐的气氛中进行学习,完成学习任务,在这个过程中收获快乐,在不知不觉中去品读、吸收知识。如果他们不是自愿,而是被迫地去学习,那他们就成为知识的容器。教师进行"填鸭式"教育,学生所学到的不是他们喜欢的,枯燥乏味之感就像"嚼木札"一样,当然把学习看作人生的苦差事,甚至对学习产生厌倦和抵触情绪,那就更不用说取得良好的学习效果了。

  "佳子弟多有说不出口底苦,为父兄者亦曾念及乎?"这一点需要家长和教师予以高度重视。作为教师,不能不考虑学生的个体情况而蛮讲蛮教,而是要根据学生自身的特点,因材施教,注重学生特长的发挥和个性的培养,采用灵活的方式,有针对性地教学生,发掘学生内在的优势潜力,从而实现愉快教学,以及高效率学习。

  学生是人,有思想,有感情,有爱好,有追求,有理想,所以教师要平等对待学生,尊重学生,全面发展他们的个性,让学生感到学习是一个快乐的过程,而不是痛苦的过程。要做到这点,王筠认为要认识学生的个体差异,对不同的学生个体采用不同的方法来教育,从而实现因材而教。才高者和钝者,敏者和愚者,所学习的内容可以相同,但要有先有后,而且也要有不同的要求。读书时,才高者可以读全经,也要读《国语》《国策》《文选》。而钝者虽也要读"五经"和《周礼》《左传》,摘抄读《礼记》《仪礼》《公羊传》《穀梁传》等,根据个人能力安排学习内容和进度。不同层次的学生要有不同层次的教与学,这样才有益于学生身心健康,才能使其良好、有序地发展。

古代的学生在科举考试的重压下,埋首功名,耗费毕生精力,未有愉快之说,"佳子弟多有说不出口底苦";再加上一些庸师让学生只是苦读、死背,不予讲解,致使学生感受不到学习的任何乐趣,读书如同"念藏经""嚼木札"一样,最终使他们"疾首蹙额,奄奄如死人者"。王筠认为,"学生是人,不是猪狗""人皆寻乐,谁肯寻苦"。因此,在阅读教学中,教师应该顺应学生天性,进行愉快教学。"读书虽不如嬉戏乐,然书中得有乐趣"。只有这样,才能使学生"得其机之所在",从此"欢欣鼓舞""亦相从矣"。这种欢快愉悦的情景,正是孔子所说的"知之者不如好之者,好之者不如乐之者"的理想读书境界。王筠提出的以学生乐趣教学的重要原则,是过去实际教学中所少有的,在今天也是难能可贵的。

因此,王筠主张在阅读教学之时,可给学生穿插讲一些知识性、趣味性的故事,或提出一些趣味性的问题,"死典故日日告之",如"十三经何名?某经作注者谁?作疏者谁?二十四史何名?作之者姓名?"让学生在休息之时记住一些文学常识,"日告一事,一年即有三百六十事""间三四日,必须告以活典故",如问学生"两邻争一鸡,尔能知确是某家物否?"让学生转动脑筋,活跃思维。当学生能答出"先问两家饲鸡,各用何物;而后剖嗉验之",则"弟子大喜"也。通过告以典故,可使学生在空闲休息之时学到知识,而且也可使学生放松紧张的神经,增强阅读兴趣,发展能力,从而使课堂内外处在欢快愉悦的气氛之中。

愉快阅读也是今天许多语文教师所追求的理想教学境界。可王筠时代的学生在科举考试的重压下,埋首功名,全力围绕考试读书,耗气劳心,筋骨皆软。王筠认为,学生毕竟是人,"人皆寻乐,谁肯寻苦?读书虽不如嬉戏乐,然书中得有乐趣,亦相从矣"。因此,他主张教师要在学生阅读时如孔孟一样"涵养诱掖",使弟子们得其机之所在,从此欢欣鼓舞,而唯命是从。"富贵必从勤苦得,男儿需读五车书"[①],阅读本是苦事,但王筠能从"学生是人"这一根本认识出发,把学生的

---

① 曾祥芹、刘苏义:《历代读书诗》,北京:中国文联出版社,2001年版,第36页。

王筠作品中的教育思想

情趣、个性、心理放在求知的首要位置,在阅读教学中激发学生的阅读自觉性和主动性,丰富学生的内心世界,使学生获得精神上的愉悦。这一点不但在当时有进步意义,就是在强调阅读应让学生"在主动积极的思维和情感活动中,加深理解和体验,有所感悟和思考,受到情感熏陶,获得思想启迪,享受审美乐趣"[①]的今天,也是相当可贵的。

在学生阅读之时,要让学生学会思考。读思结合,这最能体现学生主动学习的精神。只有学生经过思考,理解了所读内容,才会有获得知识的满足感。王筠要求学生在阅读时思考题目的含义、命意及其与文章的关系,"先看其题,无不解也""及看其文,知我所解者非也",通过反复诵读,解决似懂非懂的内容,最终领悟其"制局命意之所在"。所以教师必须做到让学生理解所讲的内容。他批评那种"出之我口,便算了事"的教学方法,也不赞成学生只是一味背书,"若只是从唇边过,便不济事"。他鼓励学生多问、多思考。他用自己"幼年所受之苦"现身说法。他说他自己幼年"读'四书'时……不知古人注书,多名'章句'……又不知'注''註'是古今字,转以'註'字为正,不敢问之师也"。待到"读《诗经》时,见《国风》一,不知下有《小雅》二、《大雅》三、《颂》四也……亦不敢问之师也"。所以他提倡学生多问,让学生自己发现问题、解决问题,充分发挥学生的主动性,除非实在解决不了,教师再予以帮助。王筠举例沂州张先生的教学方法,令学生每天饭后"各自理会去",待到回来时,则"各道其所理者何经何文,有何疑义",然后再"解说之"。王筠又举例安丘刘川南先生的学习经历,"师为之讲书数行,辄请曰:如此,则举某章反背,师令退思之而复讲"。这两种方法,都注重学生的主体地位,善于调动其学习的积极性,因而收到了良好的教学效果。

对于学习,人们通常认可"书山有路勤为径,学海无涯苦作舟",甚至认为它是至理名言;但另一方面,兴趣是打开成功大门的金钥匙,这是不可否认的确凿事实。苦与乐是学习过程中相辅相成、密不可分的两个方面,若要较之高下的话,"乐学"教育显然方法更妙、境界更高。孔子认为"知之者不如好之者,好之者不如乐之者",他把"乐学"看作治学的最高境界,所以才能"发愤忘食,乐以忘

---

① 教育部:《义务教育语文课程标准(2011年版)》,北京:北京师范大学出版社,2012年版,第17页。

忧","饭疏食,饮水,曲肱而枕之,乐亦在其中矣"。纵观我国教育发展史,我们会清楚地看到,"乐学"思想源远流长。《礼记》载:"大学之教也,时教必有正业,退息必有居学。不学操缦,不能安弦;不学博依,不能安诗;不学杂服,不能安礼;不兴其艺,不能乐学。"这是我国教育史上有关"乐学"的最早记载。《论语》开篇曰:"学而时习之,不亦说乎。"孔子的得意弟子颜渊就是"乐学"的典范。孔子称赞颜渊"贤哉,回也!一箪食,一瓢饮,在陋巷,人不堪其忧,回也不改其乐。贤哉,回也!"孔子"乐教""诲人不倦",学生"乐学",因此孔子才有"弟子三千,贤人七十二"。

要实现乐学必须要激发学生的学习兴趣,让兴趣洒遍学生的心田。学习兴趣是学生学习的积极性和主动性的内在推动力,与学习动机密不可分。王筠在《教童子法》中说:"人皆寻乐,谁肯寻苦?读书虽不如嬉戏乐,然书中得有乐趣,亦相从矣。"学生有了学习知识的兴趣,就会想要认识、探究周围的事物,参加有关学习的探索活动。

王筠注重儿童兴趣的同时也注重发展儿童的天赋。现代教育家认为,教育的功能在于发展儿童天赋才能。所以杜威(John Dewey)说:"教育是发展。"王筠早有这样的主张。他说:"教弟子如植木,但培养浇灌之,令其参天蔽日。其大本可为栋梁,即其小枝,亦可为小器具。今之教者,欲其为几也,即曲折其木以为几,不知器是做成的,不是生成底。迨其生机不遂,而夭阏以至枯槁,乃犹执夏楚而命之曰:'是弃材也,非教之罪也。'呜乎,其果无罪耶?"教育最大的弊端,就在于以范铸人,这样就不能发展人的天赋,不能使其取得更大的进步。当时科举制度极为盛行,教学的目的在于写好应试文章,教者教此,学者学此,此即所谓欲其为几也,即曲折其木以为几也。故有人将学八股比作裹小脚者,即侥幸得售,亦仅一偏之器,不能使其天赋得到健全发育。此种教育无异于戕贼人性。而王筠所论,实在是极符合新教育的原理的。盖教育本应发展儿童的天赋,换言之,即教育旨在帮助儿童把他天赋的才能发展出来,教育并不能为儿童增添什么,但要挖掘他们内在的潜力,使其发挥自身的价值。王筠身在科举时代,能倡导发展天赋的理论,诚然是不可多得的。

王筠还注重教学艺术。教学应注重教学艺术,引发学生学习动机,然后鼓励学生学习,效果自能显著。王筠说:"孔子善诱,孟子曰教亦多术。故遇笨拙执拗之弟子,必多方以诱之;既得其机之所在,即从此鼓舞之,蔑不欢欣,而惟命是从矣。若日以夏楚为事,则其弟子固苦,其师庸乐乎?故观其弟子欢欣鼓舞,侈谈学问者,即知是良师也。若疾首蹙额,奄奄如死人者,则笨牛也,其师将无同。"这是说教师教学,应注重教学艺术,明了学生的个性,从而得知他们的动机之所在,即从此去鼓舞他们,使学生自愿而欣然地去学习。如果教师不从教学艺术去研究,专以"夏楚"之物来威吓学生,学生视学习为苦事,如此教师又有什么快乐可言呢?他认为良师与庸师的分别,可以从学生的行为上反映出来,如果学生游戏时活泼,读书时认真,这便是良师教导出来的;如果学生愁眉苦脸,形同笨牛,这便是庸师教导出来的。故王筠主张诱导启发,反对体罚。

"学生是人,不是猪狗",而"人皆寻乐,谁肯寻苦",趋乐避苦是人的天性。语文教学必须充分考虑学生"趋乐"的这一天性。然而学习毕竟要付出努力,尤其是在童蒙语文教学阶段,学生学习的许多东西对他们来说几乎都是陌生的,是要下一定苦功夫才能掌握的。那如何处理这一矛盾呢?

王筠认为,孔子善诱,孟子教亦多术,目的是针对不同学生的特点,通过启发诱导和灵活多变的教学方式来激发学生的学习兴趣。无疑,在王筠眼中孔子的那种"暮春者,春服既成,冠者五六人,童子六七人,浴乎沂,风乎舞雩,咏而归"的欢快愉悦的教学境界,正是语文教学所要追求的理想境界。

因此,语文教学必须围绕"乐学"这一中心,充分激发学生学习的兴趣,让他们在语文学习中找到乐趣,从而"欢欣鼓舞"。虽然,"读书不如嬉戏乐,然书中得有乐趣,亦相从矣"。也就是说,教师只要善于挖掘,善于诱导,自然也可以让学生从书本学习中找到乐趣。学生虽有趋乐避苦的天性,但同时他们也充满了对未知世界的好奇心,读书虽然不如嬉戏轻松好玩,但它却可以满足学生的好奇心,丰富其内心世界,从而使学生获得不同于嬉戏的另外一种精神性的愉快体验。

语文教学要达到这样一种境界,对教师的要求是相当高的。一方面,教师要深入挖掘教学内容,努力发现书中乐趣;另一方面,必须深入了解学生,熟悉儿童的认知特点,找寻他们语文学习的兴奋点,从而在教学中围绕学生的兴奋点进行启发诱导。比如,学生刚接触汉字,一下子很难掌握笔画繁多的字,这就要求教师遵循先易后难、循序渐进的原则来进行教学,并充分挖掘汉字教学本身的乐趣。因为汉字并非就是一些笔画的机械组合,它背后其实蕴含着一个丰富多彩的世界。学生初学经文,因其晦涩难懂,所以教师要适当讲解。而学生初写文章,要少立规矩,多给学生自由发挥的空间,还要"以圈为主",多给予学生鼓励,让他们体会到写作的乐趣。但更为关键的是教师在熟悉教学内容和学生的基础上,要因材施教、启发诱导,尤其是那些"笨拙执拗之弟子,必多方诱之",一旦找到突破口,"得其机之所在,即从此鼓舞之,蔑不欢欣,而惟命是从矣"。假如教师只让学生死记硬背,忽而视学生为"天才",忽而又视学生为"废才","日以夏楚之事",学生怎能体会到学习的乐趣? 况且"弟子固苦,其师庸乐乎"。

在王筠看来,一个教师真正以"学生是人"作为教育理念来进行语文教学的话,那么他最大的乐趣莫过于"观弟子欢欣鼓舞,侈谈学问"。所以一个好的教师,不仅要为学生夯实学习的基础,更重要的是诱发出学生欢欣鼓舞、侈谈学问的旺盛求知欲。学生被激起的兴趣才具有持久性,学生的潜在能力才有可能不断转化为现实能力。

第三节 小儿无长精神，必须使有空闲

"小儿无长精神，必须使有空闲"意思是说年幼的学生缺乏长期持久集中精神的能力，常常迅速地转换注意力，并容易出现疲劳现象。因此，为了获得更高的学习效率，需要给学生一定的休息时间转换思维。也就是我们常说的学习要注重劳逸结合。王筠认为，为人师者要关心学生的身体，启发学生的才智，不要死读书、读死书，而要经常告知他们一些活的知识，使他们心思长进。王筠特别关注学生的生理、心理健康，考虑学生的认知特点，认为适当安排学生思维的转换和身体的休息，才能更大限度地挖掘学生的潜力，提高学生学习的积极性，增强其学习兴趣。

明清时期，蒙童的主要功课就是死记硬背那些枯燥的经典和八股时文。这种呆板的、程式化的阅读方法不把学生当作具有独特个性和鲜活生命力的人，而是把学生看成盛装知识的容器，违背了学生理解记忆的规律，最终导致学生阅读不会解文，写作不能成文的结果。这就是死读书带来的恶性结果。

王筠在《教童子法》中这样论述："小儿无长精神，必须使有空闲。空闲即告以典故，但典故有死有活，死典故日日告之，如十三经何名？某经作注者谁？作疏者谁？二十四史何名？作之者姓名？日告一事，一年即有三百六十事，师虽枵腹，能使弟子作博学矣。如闻一典，即逢人宣扬，此即有才者。然问三四日，必须告以活典故。如问之曰：两邻争一鸡，尔能知确是某家物否？能知者即大才矣，不能知而后告以南史：先问两家饲鸡，各用何物，而后剖嗉验之。弟子大喜者，亦有用人也，自心思长进矣。"

典故是指诗文里引用的古书中的故事或词语。因为一部分典故本身所具有的故事性和趣味性，决定了它是蒙学语文教学中相对来说比较能激起儿童学习

兴趣的部分,所以王筠主张小儿无长精神,必须使有空闲。空闲即告以典故。儿童的年龄特征决定其在学习的过程中注意力是很难持久的,教师要在学习一个阶段后安排适当的休息时间。在学习的空闲之际教授儿童与典故有关的知识,不但能增强学习的趣味性,训练儿童的记忆力,注意到劳逸结合的重要性,更为今后的作文训练打下了坚实的基础。

王筠又把典故分为死典故和活典故。死典故即指一些硬性的文学常识和历史知识,是用来训练儿童的记忆力的。如:"十三经何名?某经作注者谁?作疏者谁?二十四史何名?作之者姓名?日告一事,一年即有三百六十事,师虽枵腹,能使弟子作博学矣。"老师应该在日常教学生活中就灌输给学生,"日日告之",在潜移默化中让学生牢记这些固定的东西、基础的知识。虽然每天只记住一个常识,但日积月累,学生总有一天会变得博学,并做到融会贯通。这种学习"死典故"的方法,对训练学生的记忆力、增加学生的知识储备量是非常有效的。

若想使学生成为博学者,有很强的记忆力还是远远不够的,还要进一步开发儿童的思考力,而要使学生"心思长进"必须告之以"活典故"。"活典故"是指诗文中出现的故事,是用来培养儿童的思考力、开发学生的智力的。王筠在书中举了这样一个例子,问学生二邻争一鸡,怎样知道确是谁家之鸡?如果学生能知则是大才。如果学生不知则告诉他这一故事出自何处,进而引导其先问两家饲鸡各用何物,而后剖嗉验之,使弟子恍然大悟。这样可以增强阅读兴趣,启迪智慧,发展能力。幼童在典故教学中既可获得历史知识,为读经做准备,又可由此开发智力,学得灵活之计。当然王筠只是注意了既要传授知识又要发展智力这一问题,至于如何通过传授知识发展智力他还没有提及。限于历史的条件,他只能把这一任务放在学生空闲时作为正课学习的补充来完成。

王筠认为,对于健全人格的培养也是不容忽视的。教育的目的,本在发展学生健全的人格。在科举时代,教育旨在猎取功名,而王筠能有此种基本观念,是非常难得的。王筠说:"功名、学问、德行,本三事也。今人以功名为学问,几几并以为德行。教子者当别出手眼,应对进退,事事教之;孝弟忠信,时时教之;讲书时,常为之提唱正史中此等事,使之印证,且兼资博洽矣。学问既深,坐待功名,进固可战,退有可守。不可痴想功名,时文排律之外,一切不学。设命中无功名,则所学者无可以自娱,无可以教子,不能使乡里称善人,士友称博学。当此时而回想数十年之功,何学不就,何德不成。今虽悔恨而无及矣!"教学必须增进学生知能(学问),培养学生品性(德行),发展学生才干(功名),事事教之,时时教之。学生亦应本着此观念去学习,使知能丰富,品性高尚,才干出众,自能表现其优美的人格。

王筠同时注重心理卫生。学生心理卫生是身心健康的基础,故儿童教育首应注意儿童的心理健康。对于心理卫生,王筠早就注意到了。他说:"人才之不一,有小才而锋颖者,可以取快一时,终无大成就;有大才而汗漫者,须二十年功,学问既博,收拢起来,方能成就,此时则非常人所及矣,须耐烦。"这是说教学时应注意学生的心理卫生,使其养成沉着稳健的气魄和不屈不挠的精神。现代心理卫生学的学者们,也承认心理卫生是人格发展的要素,也是学习成就的重要条件。如果学生心理不健康,则情绪不稳定,精神不专一,视而不见,听而不闻,食而不知其味,如何能谈到学习呢?更别说快乐地学习了。一个心理健康的儿童,情绪平稳,能忍苦,能耐烦,能够苦中寻乐、化苦为乐,其学习效果优良,成年后如不遭遇其他影响,必有不错的成就。王筠在当时社会即能注意到心理卫生的重要性,这也是不可多得的。

由此可见,"小儿无长精神,必须使有空闲"亦是从"学生是人"这一本质出发,说明教师要根据学生的个性特点确定教学方法、教学内容,掌握教学规律,增长教学知识。还要特别关注学生的生理、心理健康,遵循儿童的身心发展规律。王筠在《教童子法》中所提到的循序渐进的教学原则,正是他注重学生身心健康、遵循儿童身心发展规律的体现。

孩子的认知水平和接受能力是受其身心发展规律制约的,不同年龄段的儿童具有不同的身心发展特点,即便是同样年龄的儿童,其个体发展情况也各有不同。所以,作为教师,绝不能违背这一客观规律急于求成,试图一蹴而就,必须做到能准确把握学生的不同认知水平和心理特点,并把此项指标作为安排教学活动的重要参考依据,以做到教学内容和进度的适时、适当。只有这样,才有可能达到理想的教学效果。

王筠提倡把学生当个体的人看待,说明他看到了学生之间的个体差异,主张因材施教的教学方法,在学习过程中充分发挥学生个体的主观能动性。他还尊重儿童的天性。儿童爱玩,学习中没有长久精神,因此他主张乐学教育,即在教学中体现教学的趣味性。教师对儿童的天性和个性要采取尊重的态度,对儿童的发展只能指导和引导,而不能自作主张,妄加干预。这些思想和做法确实透露着对个体的尊重,这点是值得肯定的,在当时也是弥足珍贵的。

第七章

切实的教育主张

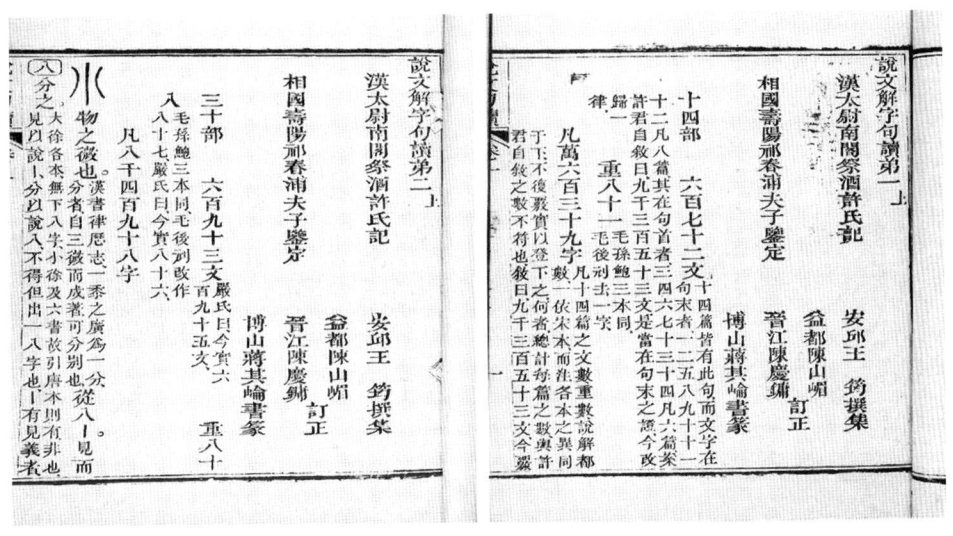

王筠读书补正

王筠作品中的教育思想

在《教童子法》里,王筠详细且深刻地论述了他的语文教育思想,比如识字写字、读书作文等,以及其他颇为新颖的教育理念,更是提出了"学生是人,不是猪狗"的口号,给当时的封建社会及其教育造成了巨大冲击。他不只是空洞地说口号、讲理论,可贵之处是进一步论述了关于语文学习、教育学生的具体教育原则和教育目标。在教育原则方面,王筠提出了"步步着实,专心致志"和"教弟子如植木";在教育目标方面,他倡导"不敢望子弟为圣贤,亦当望子弟为鼎甲"。这些教育理论有其可贵、可借鉴之处,也有其不足和局限。对待古人的教育观念和教育思想,我们应该采取扬弃的态度加以利用,以古鉴今,古为今用。

第七章 切实的教育主张

第一节 步步着实,专心致志

教育事业是一项伟大和艰巨的事业,它有周期长、对象特殊的特点。在这一重大的事业中,教育者、受教育者和教育影响乃是教育的三大主要因素。如果教育事业顺利进行,三者的协调配合和和谐发展则是其显要表现。在对受教育者进行教育时,教育者的角色和作用是至关重要的,教育者在进行教育时,所遵循的原则也是关键的。就如在使用购买的物品时,如果说明书都是不正确的、不合物品属性的,那么这样的说明书对物品的使用是没有帮助甚至是有副作用的。在论及教育原则时,要根据教育现状进行把握和确定。首先来看王筠所处时代的教育现状和所采用的教育原则,再审视当今的教育事实,分析教育原则。

王筠,经历了乾隆、嘉庆、道光和咸丰四朝。在这一段历史时期,清王朝开始从强盛逐步走向没落,与此同时,中国社会即将发生历史性的大变革。在此期间,中国社会出现了动荡不安、阶级矛盾不断升级的现象。虽然这个时候的中国资本主义萌芽已经产生,但依然是自给自足的小农经济,还无法与西方相比。在此历史条件下,急于打开中国大门的西方列强开始向中国输送鸦片,进而发动了鸦片战争,迫使清政府签订了一系列不平等条约。中国的主权遭到践踏,人民处于水深火热中。这样的历史环境,注定了中国当时的教育是不完整、不稳定、不和谐的。

科举制度是中国古代教育的一大特色,它始于隋唐,却盛于清朝。历代封建王朝主要是通过科举考试进行选拔和任用官吏的,这种制度具有学而优则仕的特点,可以达到网罗天下读书人的目的。清朝可以说是科举式教育的天下。此时的科举制度主要延续明朝的科举体制,已是完备的教育制度,建立了一套由国子监和府州县学组成的官学系统,它覆盖全国,成为官僚队伍的后备机关。这种教育以"四书""五经"和宋明理学为考试内容,故而这些书籍成为当时主要的乃至全

王筠作品中的教育思想

部的教学内容。

清王朝的科举制度,以教化和育才为宗旨,二者之中,教化为基础,育才则为目标。当然,所谓的育才,就是为当时的封建社会和官僚体制培养各种官吏,人才的培养标准以封建社会的纲常伦理道德为基线。在整个教育体系中,学校是封建社会培养官吏的基地,入仕乃是当时学习者的主要目标,而学校教育的内容和原则是以科举制度和官府需要为准的,学校完全是科举制度的附庸,是整个封建社会运转的辅助机构。这种旧的教育制度完全屈服于当时的封建社会制度。

面对当时的整个社会环境和教育现状,一些仁人志士开始思考如何进行变革以改造时势,抵御外来侵略,独立自主和自力更生。当时的现实,教育已基本是政治的附庸,所以若要进行大强度的变革,定要变政治、革社会风气,那么思想上的变革就起到了关键性的先锋作用。思想指导行动,政治的变革需要的首先是思想的变革。

关于教育上的变革,一些教育者萌发了许多具有历史意义的教育思想,王筠便是其一。他的教育思想独特新颖,在教学中所采用的教学原则和当时的教育现状也是相差甚远。不过,他的教育思想在某种程度上却恰是当时社会现状的产物。那时教育界中教条主义和形式主义之风异常强劲,但是王筠却没有被这股风吹倒,反而使自己独有的教育思想更加鲜明和坚定。这促使他时刻抨击时弊,揭露和批判当时的教育制度,并以此为己任。他果敢勇毅,尖锐地提出了"学生是人,不是猪狗"的具有浓厚人本主义色彩的教育思想,反对当时"以功名为学问,几几并以为德行"的学习作风等,这些都体现了王筠已具备较强的批判精神和民主主义的教育思想。

王筠在论及小学语文的教学原则时提出了一些新颖的教育思想。关于教学原则,他论述了"截得断,才合得拢""总要作今年读书,明年废学之见,则步步着实"的循序渐进的原则;提出了和当时的"诗文排律之外,一切不学""则所学者无可以自娱,无可以教子,不能使乡里称善人,士友称博学"相对的学以致用的原则;提倡教师应采用"故教师之威教,不在全盘授予,而在相机诱导"的启发诱导的原则;详细阐述了"教弟子如植木,但培养浇灌之,令其参天蔽日。其大本可为栋梁,即其小枝,亦可为小器具"的因材施教的原则。

王筠用洗练之笔揭示了语文教学的基本原则:打牢基础,循序渐进。正如人生是由各个年龄段和不同时期组成的一样,语文教学也是由其特有的教学阶段和教学特点构成的。在实施语文教学的过程中,语文教师需要遵循"步步着实,专心致志"的教学原则,一步一个脚印,脚踏实地,走好语文教学的每一步路,方能为学生的良好发展做出积极贡献。下面,具体来看王筠在《教童子法》中如何论及这一教学原则以及它带给了我们哪些有益的启示。

在总结前人经验的基础上,王筠结合自己多年的教学实践经历,指出了语文教学的步骤主要有三大步:识字、阅读和作文。他认为"蒙养之时,识字为先,不必遽读书""到十六岁可以学文",体现了其对整个语文教学过程认知的准确性,坚持了循序渐进的原则。识字教学是汉语入门的基本点、起始点,一旦学生识字的数量突破两千,经过属对等语言训练和典故等知识的学习,便可进入自主阅读的阶段;经过阅读阶段对古文的阅读后,才高者十六岁可以学文。除此之外,在具体的每个阶段里,无论是识字教学、阅读教学还是作文教学,都应该夯实基础,做到"步步着实",并在"着实"的基础上,尽可能让学生做到"展转流通"。王筠也始终以这个原则指导着自己的教学实践。

在识字教学阶段,王筠提倡儿童在启蒙教育阶段,要先从学习识字开始,不用急着读书。他提出了集中识字的教学方法,采取由易到难、由浅入深的方法:"先取象形、指事之纯体教之","纯体字既识,乃教以合体字,又须先易讲者,而后及难讲者"。意思是等到认识了纯体字之后,再教合体字,而且,这又必须先从容易的地方讲起,然后再过渡到难的知识。另外,王筠介绍了卡片识字教学方法,在这种方法的运用中,也渗透着"步步着实"、循序渐进的原则。在《教童子法》里,这种方法是:"识字必裁方寸纸,依正体书之,背面写篆独体字。"接着"既背一授,则识此一授之字,三授皆然。合读三授,又总识之"。然后"可以无不识者矣,即逐字解之。解至三遍,可以无不解者矣,而后令其自解,每日一包"。最后,

王筠作品中的教育思想

"既能解,则为之横解:同此一字,在某句作何解,在某句又作何解,或引伸,或假借,使之分别划然",结果是"即使之展转流通也"。

大致意思就是:识字时,一定要裁方寸纸,然后将生字按照正楷字写在正面、篆书独体字写在背面的方法进行书写。接着是背诵,已经背下来的,那么老师就讲授一次,等到学生认识了这次讲授的字,以后的讲授就都大体一样。将几次讲授的字合在一起读后,再合起来一起识字。通过这样的坚持练习,学习的字都能认识后,就可以进入逐字讲解的步骤了。讲解时,一般达到三遍后,学生都能理解了,而后就让学生自己解字,按照每天解一包字的要求进行。通过日积月累和坚持不懈,在学生能解字之后,老师就为他横向解释这些字,即同一个字,在一个句子中是什么意思,在另一句中又是什么意思,这个字的意思有时是引申义,有时是假借义,使学生能够在不同的语句或语言环境下分别划分字的意思。在以上步骤的进行下,只要每日不停地学习,循序渐进,学生一定会识字、会用字了。最后等到要用字时,学生就能做到游刃有余了。概括下来就是以下几个简单的步骤:先写下来,再记住,接着老师讲解,学生理解后就可以自己解字,最后在作文、阅读时就会自己用了。

在阅读教学阶段,王筠指出,到孩子八九岁时,心理和智力逐渐成熟,那么四声、虚实、韵部、双声叠韵(四声:平、上、去、入四种确定汉字字音的声调。虚实:虚字和实字。韵部:韵书以同韵的字归为一部,称韵部。双声叠韵:二字同声母为双声,二字同韵母为叠韵)都必须教授。并应当教授属对,而且每天教一个典故。另外,他要求遵循因材施教的原则,针对每个学生不同的资质天赋进行合适的、恰当的施教,但进行的内容都以儒家的经典为主。"才高者,全经及《国语》《国策》《文选》尽读之;即才钝,亦'五经'、《周礼》《左传》全读之,《礼》《仪》《公》《榖》摘抄读之。"学习读诗时,也要遵循循序渐进的原则,"初读诗,亦只读汉魏诗。齐梁以下,近律者不使读",即学生刚开始读诗时,也只需读汉魏时的古诗,对于齐梁以后的古诗,接近格律诗的就不要让学生读。

在作文阶段,由于明清时期的科举考试内容包括作文,所以语文教学的目的之一是教会孩子作文,蒙学的作文教学从声韵、属对、作诗开始。王筠指出,学生刚开始学写作时,要先读唐宋古文,因为唐宋古文浅显易懂并且容易模仿。所以,在提及学生学习作诗时,王筠指出:"初两字,三四月后三字,渐而加至四字,再至五字,便成一句诗矣。"等他知道文法之后,再让他读时文,就不难有成就。综上所述,无论在学习语文的哪个阶段,王筠都根据学生的心理发展特点和语文教学的内在规律进行点拨,他所提出的这些语文教学步骤,始终遵循着"步步着实,专心致志"的原则,至今仍有很高的借鉴价值。

同时,他还提出在循序渐进的过程中,要"截得断,才合得拢"。这是要求语文教师在制订教学计划时,要分阶段、分时期,这样才能形成一个完整有序的教学进程。还要有远见,"总要作今年读书,明年废学之见",如此才会做到步步着实。一步一个脚印,不瞻前顾后,做到走好每一步,整个路程才会完整和谐。除了步步着实,还要在每一"步"中做到专心致志。对此,王筠指出,"识字时,专心致志于识字,不要打算读经;读经时,专心致志于读经,不要打算作文"。意思是要完成一个时段该有的任务和学习内容,如果两者都学,或者"牵肠挂肚,瞻前顾后",那么,最后有可能"欲其双美,反致两伤矣"。因此,语文知识的学习需要步步着实,完成一个阶段的任务后,再去进行下一个阶段的任务,每一个阶段须达到学得可以应用的地步,如此有序扎实,那么学问自然牢固持久。

在此基础上,王筠批判了当时的"鬼扯腿"之说。"当应读书之时,不多读、不勤讲,而以时文爊乱之,是文扯书之腿也;当应学文之时,又念经书不熟不解,无作料光彩,则又欲温习,此经扯文之腿也",意即在学生应当读书的年纪,不令其多读经典,不勤给学生讲解,却用八股时文来乱充经典,这是文章扯了读书的腿;在应当学写文章之时,又让学生念经书,却不熟读、不讲解,没有好的材料,却又想温习,这是经文扯了写文章的腿了。在学生适合做和应该做某事的年龄,无知的老师却反其道而行之,偏要其学习不适合学习的知识,结果是,该学的没学到,现在学的又没有学会,最终,"意不两锐,事不并隆",白费了一番功夫,重要的是耽误了学生的学习,也在某种程度上损害了学生的健康和成长,"何如分致其功之为愈乎"。故,语文教师教学时,在每个不同的学习阶段,要采用相应的教学方法教导学生,以此完成该阶段相应的教学任务,否则乱了方寸,对整个语文教学以及学生的长远发展都会产生一定的危害。作为语文教师,一定要遵循循序渐进的教学原则,在自己的岗位上做好分内之职,并努力做到尽善尽美。

"步步着实"的教育教学原则并不意味着整个教学过程都要让学生处于紧张的学习状态,一刻不停地读书、诵书,没有片刻的休息,因为这不符合学生的身心成长规律。根据儿童的注意力不易持久又喜寻乐的特点,王筠主张给学生留出一定的休息和娱乐时间,不能压得太重、卡得太死。因此,王筠说:"小儿无长精神,必须使有空闲。"这就鲜明地指出了学生学习时集中注意力的时间是有限的,对读书的兴趣保持度也是有限的,因此,要遵循学生的学习规律,要使其"有空闲",但并不是漫无目的地消耗时间,而是"空闲,即告以典故",要给学生讲一些知识性、趣味性的故事,或提出一些趣味性的问题,这样可以将学生的身心放松,并和有趣的课外学习结合在一起。当然,这种学习和课堂中的学习还是不同的,这样"空闲"里的学习可以让学生在不知不觉间心甘情愿地接受。当然,这对典故的选择要求还是很高的。

"典故有死有活",所以,"死典故"和"活典故"的教学方法、具体的教学内容和教学时间的分配上是不一样的,当然达到的教学效果和带给学生的体验,以及学生日后成长的结果也是不同的。"死典故日日告之,如十三经何名?某经作注者谁?作疏者谁?二十四史何名?作之者姓名?日告一事,一年即有三百六十事。"通过天天告诉学生类似这样的"死典故",可以让学生记牢这些有着固定答案的历史事实。"然间三四日,必须告以活典故"。通过每三四天的一次"活典故"的教学,学生可以体味有趣的故事,并能在故事里学到很多东西,如思维的变通等。"活典故"能够培养学生的思维能力和解决问题的能力,学生通过学习可以变得更加聪明,虽未亲身经历这些事情,但依然学到了这些经验。所以,在"空闲"的时间里,把"死典故"和"活典故"密切结合起来,对学生的各方面成长都是有好处的,"自心思长进矣"。

王筠特别注重孩童生理上的顺其自然,指出儿童开始习字不能贪早,"学字亦不可早""八九岁不晚"。王筠解释了儿童不可以过早学习写字的原因,主要是由于生理上"小儿手小骨弱,难教以拨镫法"。幼儿手指的肌肉群和骨骼不够发达,握笔时还有些难度。幼儿一般从五岁才开始发育握力,到七八岁时基本发育成熟,过早地进行大量的写字训练,不但不能练出一手好字,而且对孩子的身体发育也极为不利。所以,教幼儿识字不可过早,更不能急于求成。这一点,无论是对幼儿的成长发育,还是对幼儿的写字训练,都是十分重要的。关于写字的规格,王筠指出:"学,则学《玄秘塔》《臧公碑》之类,不可学小字。大有三分好,缩小,便五分好也。"王筠所说的写字"不可学小字"的原则,也是由于以上提出的"小儿手小骨弱"的生理原因,对手部活动控制不灵活,掌握不了结构精细复杂的小字,所以刚开始学习时,要练习写大字。对于学生临摹的范本,王筠提出要学习《玄秘塔》《臧公碑》之类的字帖,原因也在于其规格适中。

王筠也特别注重孩童心理上的"着实",在学习语文的过程中,要尽量做到孩童的知识得到增长,心理上的发展也是健康的,精神的愉悦是得到保障的。列举两个比较鲜明的例子:一是王筠强调要同情上学的孩童。他说:"佳子弟多有说不出口底苦,为父兄者亦曾念及乎?"还要给孩子空闲时间,"小儿无长精神,必须使有空闲"。同时指出,在学习的过程中,要给予学童学习的快乐,要让孩子在学习中找到乐趣,不能让学习变得枯燥无味,"读书而不讲,是念藏经也,嚼木札也,钝者或俯首受驱使,敏者必不甘心;人皆寻乐,谁肯寻苦?读书虽不如嬉戏乐,然书中得有乐趣,亦相从矣"。二是体现在体现在其对孩童习字之时所要临摹的作品的要求标准上。关于习字的字品,王筠指出,"初学文者,大题当读小名家"。这些"小名家"所写的字结构简单,有利于儿童把握,例如王筠最喜爱的《铁像颂》,"苏灵芝字品不高,(其结体似即松雪所从出,惟少媚骨耳!)故其换笔处,易于寻求。即如'无'字,他底三横四直,其换笔之痕迹俱在,于我有益,故喜之也。"那些所谓的"大家"的作品,用笔过于娴熟,换笔空际,很难让初学者把握住。如"尚出颜柳诸贤之上"的"虞永兴《夫子庙堂碑》","其换笔皆在空际,落纸则只是平铺",对于初学者来说不易临摹。如果一味追求这些名家的作品来学习,无异于"邯郸学步""必板板作算盘珠矣"。

王筠作品中的教育思想

第二节 不敢望子弟为圣贤,亦当望子弟为鼎甲

我们做事做人是为了什么?不同的人有不同的说法和理解,但是有一个共同点,这个说法是符合自己的情况和内心需求的,如果他不刻意说假话。也就是说,我们做事总是有一定的目标的,做事前我们是有一定的预期和需求的。目标是人生前进的动力和希望,它可以给向未来行进中迷惘的人们以警醒、指引。没有目标的人生是没有动力的,是过得不轻松的,是不太如意的。教育事业何尝不是呢?

教育是一个国家兴旺发达的动力,是一个民族繁荣昌盛的不竭源泉。它关乎一个国家和社会的发展血脉,关乎每个人的成长成才,关系到社会整个大机器的正常运转,这样重要的事业如果没有合理的目标,岂不是贻笑大方了?所以,教育目标的制订、实行和评价是至关重要的。

明清时期,中央集权达到顶峰,选官制度也达到了比较完善的程度,科举成为求学者改善自己的社会地位的唯一途径。清朝的科举考试要求写八股文,内容通常不外乎以"四书""五经"为核心的儒家经典。因此,八股文的写作就成为当时语文教育的中心内容。八股文又称时文、制艺。这种文体起自宋代的经义文章,即在"四书"中出题,中间行文对偶,有四股、六股、八股之别。至明代成化年间逐步形成固定的格式,并大盛于明清两代。在这期间,统治者为了推行文化专制主义,把八股文规定为科举考试必须完成的文体,内容要求"代圣人立言",作者只能用儒家的观点解说经书中的道理,不能随意发表自己的见解。到后来,八股文的写作开始互相抄袭剽窃,写一些陈词滥调、空话套话。这样的文章毫无经世治用之效,只能作为升官发财的敲门砖。八股文形式死板,限制较多,考试人只能"戴着镣铐跳舞",以内容迁就形式。八股文陈腐的内容限制和刻板的程式

要求使人思想僵化,头脑呆笨。许多人青灯黄卷,皓首穷经,除了理学不知另有学问,除了八股文不知另有文章。这种教育方式和选官制度窒息创造,摧残人才,成为阻碍社会发展的重要因素之一。顾炎武曾一针见血地指出:"八股之害,甚于焚书,而败坏人才,有甚于咸阳之郊所坑者。"(《日知录》)

学习八股文,参加科举考试是当时读书人猎取功名的工具,而当时的语文教学也就围绕着这根指挥棒转,不切实际,不务实用,不提倡博学多闻,也不注重语文知识的培养,造成学生知识面的狭窄贫乏。受当时科举制度盛行的影响,为了适应清王朝选拔人才的标准,学校里的教学内容几乎完全是和科举考试的题型和内容相近、相类似甚至相同的内容,教学方式也不是讲解、解惑,而是死记硬背、不求甚解式的,大部分的学生和教师有着相同的目的,那就是中举。当时所谓的教师,是朝廷委派的用来专门培养学生参加科举考试的"人才",从而为当时的清王朝的官僚体制提供必要的官员。因此,在如此官僚化和制度化的社会背景下,学校完全成为科举制度的附庸,求学的人也沦为科举制度阴影下的"不幸儿"。适龄的儿童进入学校,接受所谓的学校教育,学习了足够应付考试的知识后,可以参加地方举行的乡试,如果考试过关,就有资格参加会试和殿试,如此一系列的考试都通过后,就有资格参加吏部的选拔,若被录取,就可以被分配到指定的职位,做官之梦也就实现了。学校教育与科举选官实现了一体化,结果是直接促使科举入仕成为学校教育的唯一目标。

王筠作为当时社会的一分子,也摆脱不了整个社会风气的影响,阻碍不了社会对人才的选拔标准,也踏进了大多数人求学做官的潮流,他说:"不敢望子弟为圣贤,亦当望子弟为鼎甲。""鼎甲"是指科举殿试名列一甲的三人,即状元、榜眼、探花的总称。即通过读书,参加科举考试,最终获取功名,这是父母"当望"的,即应当期望、应该希望的事情。"圣贤"主要是指以孔孟为代表的儒家思想倡导者,儒家思想包容广泛,其有关政教、人伦的思想体系比较完备,有利于维护封建等级制度以及整个社会的和谐发展。因此,它一度被统治阶层所利用,尤其是明清两代,以科举功名为诱饵,使儒家经典日益功利化、专制化,而人们的思想一度陷入僵化的境地。圣贤是每个人的人生理想,影响着每一个朝代的士人。王筠从小熟读唐诗宋词和小说戏曲,钻研古代书籍,因此,他也被这样的圣贤梦

王筠作品中的教育思想

想影响和浸润着,只是他知道,在当时他自身所处的环境下,这样的圣贤梦是不太可能实现的,因此,他把圣贤作为人生追求的最高境界,作为教育的最高目标。当时的社会环境和清王朝对人才需求的推动,导致取得功名、步入仕途成为读书人向往并为之努力拼搏的最大理想,这种理想比起"圣贤"梦更容易成为现实,自然也就成为教育力求实现并可实现的目标。

考取功名、入仕,是当时学子的"正途"。王筠也成为当时王朝里的一名官员,跻身仕途,曾于山西乡宁、徐沟、曲沃等地任知县。这是他自身努力的结果,当然也离不开祖辈和父辈对之言传身教的良好影响。年少时,在老师王惺斋的指导下,王筠读了很多书,涉猎各个方面,真可谓博览群书。他遵从父亲教诲,做人以古代圣贤为榜样,诵诗就取李杜王孟(即李白、杜甫、王维、孟浩然)之作品,学文更是以秦汉唐宋大家的经典为范本。另外,王筠的勤奋努力和对书籍的炽热的兴趣也对后来他的学术成绩的取得起到了重大的作用。据说,15岁时,王筠来到了远在安徽的父亲王驭超身边。在潜山县任知县的王驭超对王筠的功课要求很是严格,以至于王筠"读书之外一无所好",真可谓"督课甚严"。有个例子足以说明王筠对书的痴迷:有一次,全家在庭院中看戏,三首曲子唱完后,王筠已经将《周易》默诵了一遍,他对丝竹管弦之声可谓充耳不闻。

大概是因为当时王筠专心研究《说文解字》,所以两考不中。而他同父异母的弟弟王简却在这年乡试中举,次年会试联捷进士。等到道光元年(1821),37岁的王筠回山东省第三次参加乡试,这次总算中了举人。虽不可说是老天眷顾,但对于那时的王筠来讲,真是好事一桩,乡试多考,好事多磨,终遂人愿。

道光八年(1828),王筠"以《国史·臣工传》告成,议叙一等,以知县选用"。虽说有了朝廷俸禄,生活可以自给,但仍无多少积蓄。四年后,父亲去世,王筠接到讣闻后,心痛不已,但因缺少路费,以至于二十天后他才到家。弟弟王简刚到任青海西宁知府十天,听到父亲亡故的消息,同样因为路费问题,没有及时赶回家奔丧。王筠回家守孝三年后,重返京师,后来因病又回家住了一年多。由于生计的原因或是其他,56岁时,王筠再次参加会试,幸运并未降临到他的身上,仍以未中榜告终。内阁学士文庆托人说情,让王筠到他家中主事,却遭到王筠的拒

第七章 切实的教育主张

绝。一晃眼,到了道光二十三年(1843),山西省乡宁县出现了官缺。这年八月,王筠被选授乡宁知县。

对于王筠个人来说,读书、写书是他生命中非常重要的事情,或许也是他生活的精神指引塔,在参加考试无果无奈时、在家境状况不好时、在随岳父一同生活时等,读书和研究是他放松精神和暂时忘却现实生活不堪的一大慰藉,甚至两次参加乡试未中,都有过于专心研究《说文解字》的缘由。据记载,王筠晚年身体状况不佳、病情严重时,曾吐血数口,此后一直吃不下饭。即使这样,他仍不愿放下手中的书。去世那天早上,王筠嘱咐家人,自己的后事一定要节俭,"俯身勿用金玉",并交代家人还有一些书稿需要刻印,另外还想要再看看《易经集解》和《礼记集解》。

在《教童子法》里,王筠提出"功名、学问、德行"三者并重是人才的标准。王筠自小在家接受父亲的读书为人之道。在如何做人上,他时常"以圣贤律之",即以圣贤的标准来约束自己。"不能使乡里称善人,士友称博学。当此时,回想数十年之功,何学不就,何德不成。今虽悔恨而无及矣!不已晚乎?"读书人考不中功名,若怨天尤人,将潦倒终生。他痛斥"今人以功名为学问,几几并以为德行"的教育和社会现象,反对教师只讲应付科举考试之内容,也不满当时求学者的世俗目的。那个时代、那个社会,王筠能有这样的思想,可谓难能可贵。他希望童子能在拥有最基本的读写能力的基础上,做一个有德行的人,要德智全面发展,故而"教子者当别出手眼,应对进退,事事教之;孝弟忠信,时时教之;讲书时,常为之揭唱正史中此等事,使之印证,且兼资博洽矣"。在这里他强调了道德和品行在教学中的重要性。

即使是写字,王筠也是有严格要求的。写字是对识字教学的一种巩固性的做法,通过不断地书写,识字效果和记忆效果可以得到加强,所以,写字也是一项重要的语文基本功的训练,应当引起重视。关于学童要临摹的习字范本,王筠有其独到的见解,特别是对范本的作者的人品有很高要求。自古就有"书如其人""字如其人"的说法,意思是书法家或作家的人品与其字品、书品相一致,透过一个人写的字或者写的文章,可以判断出这个人的人品。一个人的内在气质、胸襟、才情、修养等必然对其表现在外的文墨作品有指导和影响。所以,即便是小到儿童的识字课本,王筠认为也不能对作者的个人品行有所忽略,而是更应该引起教者的关注。

除了以上所论及之外,王筠所拥有的比较好的德行还有耿直、刚正不阿、平和、敬业、为百姓着想、善良等。这在他所就任的官职上以及在位期间为百姓做的好事上有突出的体现。科举制度为知识分子进入官场提供了便利的通道,可是,官场深如大海,在官场里面待得久了,难免出现沉沉浮浮的状况。历史上有名的文人大都有被贬的经历。我们熟知的有屈原,汉代的贾谊,唐朝的李白、韩愈和柳宗元等。王筠在任山西县令时,由于其性情刚正不阿,为官廉洁,不善逢迎上司,因此一直得不到升迁。但是,王筠并没有郁郁寡欢,他用一种平和、超然的态度看待官场的不如意,直面并超越了生活上的苦难。据临汾市地方志记载,乡宁在万山中,民朴事简,王筠在做山西县令时,凡是有案子,只要上诉到自己手中,会立即诉判,绝不耽误。闲暇时他则书不离手。道光二十六年(1846),乡宁大旱,百姓生活饥寒交迫,王筠命开库发放存粮,救济灾民,并奏请免赋税。他同时还多方筹集巨款,修筑城墙,以工代赈,称凡参加修城的难民,免费供餐,并发给工钱。虽然他政绩显著,但却一直得不到当朝政府的重视,对此他毫无怨言,仍按自己的道德标准做官、行事。除在乡宁做过县令外,他还代理过徐沟、曲沃县令,虽然这些地方情况都比较复杂,但在他任县令期间,地方治安都比较好,老百姓也都能安居乐业。

德行的修炼是教育所能达到的最高目标,而谋生技能的获得是教育最基本的功能所在。王筠看到了在当时的历史条件下,能发挥出教育的最基本功能已是教育所能达到的理想目标了,岂肯再奢求更好的教育?这种对教育的期待难道不含有一丝悲凉的气息?教育本身的目标达不到,只能退而求其次,岂不是当时时代对当时人的发展所造成的莫大悲哀?一个时代造就的人才难逃时代的局限,虽然王筠提出的德行教育有当时封建社会思想的影子,但是他的蒙学教育思想还是闪耀着光芒的。我们要以历史的眼光看待它们,以扬弃的态度吸收精华,抛弃不足,让今日的教育发展如虎添翼。

第七章 切实的教育主张

第三节 教弟子如植木

十年树木,百年树人。教育是一项具有崇高使命、担当伟大责任的事业。让一代代人享受到良好的教育,品行得到滋润,智力获得发展,体质获得增强,审美能力获得提高,劳动能力得到提升,与此同时,提升幸福的能力也得到增强,真是一桩大幸事也。

王筠在其教育著作《教童子法》里提出了"学生是人,不是猪狗"这一带有教育哲学性质的命题,这也是其全部教育思想的核心。在当时的社会环境下,这个口号简直就是晴天霹雳,震彻天宇,足以撼动当时根深蒂固的科举制度。在阐释"学生是人"的教育理念时,作者提出了很多具有教育性的教学原则和语文教学方法,也有一些极具典型性的比喻,其中,"教弟子如植木"是经典中的精华之笔。"教弟子如植木,但培养浇灌之,令其参天蔽日。其大本可为栋梁,即其小枝,亦可为小器具。今之教者,欲其为几也,即曲折其木以为几,不知器是做成的,不是生成底,迨其生机不遂,而夭阏以至枯槁,乃犹执夏楚而命之曰:'是弃材也,非教之罪也。'呜乎,其果无罪耶?"这段话包含了深刻的教学原则,本节主要围绕其进行教育性的分析,试图为今日的教育提供些许启示。

这段著名的关于"教弟子如植木"的文字大致意思是:教育学生好比是种植树木,只需培育、抚养或灌溉它,就能让它长到参天大树,可以蔽日;其中,大树的主干可以做栋梁,即使是小树枝,也可以做成各种小器具。而现在的教师,则是想要学生成为几(几:矮而小的桌子),就任意将树木弯折做成几,他们不懂得器具是做成的,而不是先天长成的。等到树木长得不够顺利、不够好的时候,就采取措施阻拦树木生长,最后以致树木枯槁,竟然还拿着体罚工具说:"你是没用的材料,这是你的错,不是教育的过错。"唉!教育果真没有过错吗?

王筠作品中的教育思想

王筠对不尊重学生人格的教育时弊进行了强烈的批判,言语犀利,发人深省。教师只有认可学生,尊重他们的人格和价值,为学生个性的发展解除种种束缚,做到因材施教,学生的个性和身心才能得到自由、健康、和谐的发展。王筠个人的成长经历便说明了这一点。

王筠自幼聪颖好学,读书善于思考。只是,思考必会遇到困惑,然而,在王筠有疑问的时候得不到良师的指点。比如,读"四书"时,他搞不明白《大学章句》《论语集註》的题目,为什么一会儿是"章句",一会儿又是"集註"?此类的问题塞满小王筠的脑子,却"不敢问之师"。

10岁时,王筠的学习发生了一个重要的转折。父亲从京师来信告诫他:"人不可眼孔小。"他在《送光寿堂先生序》中这样说:"家君居京师,读书为人之道皆得之大父。犹忆十一岁时,家君寄谕曰:'人不可眼孔小。'于是胆少壮,而未深悉其理,遂以不敢妄自菲薄之意,转而为不敢菲薄斯人之心。故论人则以圣贤律之,论诗则以杜、李、王、孟律之,论文则以秦、汉、唐、宋律之。"①这年,王筠转而从师王惺斋,新来的王先生"事事皆讲",小王筠遂用心记之。

从师王惺斋之后,王筠先前的疑问被一一解开。譬如,他明白了"章句"是分析古书章节句读的意思,《大学》与《中庸》是朱熹从《礼记》中选出,自己进行注解诠释的,所以名为"章句";《论语》与《孟子》系朱熹汇辑综合了诸家注解,故而标为"集註","註"是"注"的古异体字。

后来王筠回忆"幼学之苦"时说,"此等可疑之事,不关大体"。但恩师王惺斋的悉心点拨,却为他打开了通向学问的一扇大门。教师在学生一生的发展中都是重要的,教师对学生的期待会产生意想不到的教育效果,教师不应该吝啬自己的教育之爱。贺拉斯·曼也说:"凡是任何事物在生长的地方,一个塑造者胜过一千个再造者。"在学生的学习过程中,乃至生活中,教师都要尽可能地帮助学生,让学生快乐,也让自己心安。帮助别人,不是一种施舍,更不是为了让别人依恋于你,

---

① 王筠著,屈万里、郑时辑校:《清治堂文集》,济南:齐鲁书社,1987年版,第100页。

而目的仅仅是使被帮助者继续前行。学生在自己人生道路前进的过程中,因有了教师的关爱和帮助,而有更加精彩的明天。

王筠父亲给他请的另一位老师叫孙药亭,这位老师对诗词颇有研究,在生活里或者学习中,师徒二人经常互相唱和,可谓快哉。这样的事情,大概是少年王筠读书之外的最大乐趣吧。这段时光,也成为王筠难忘的回忆。

综上,王筠的拜师求学经历充分说明了学生的发展离不开教师的点拨和引导,教师对学生整个人生发展的影响都是特殊的、关键性的。学生时代,学生学习最多的人物当属自己的老师。所以教师的一言一行、言谈举止都会给学生留下重要的印象。教师对自己的身份地位要持一种正确的认识。孩子犹如稚嫩的树枝,容易被大人们弯折,也容易被塑造。孩子最终成为什么样的人,很大程度上取决于父母和老师给予孩子什么样的教育和关怀。

在学生的读书求学中,一些庸师对儿童的影响也是不可小觑的。王筠说:"今之教者,欲其为几也,即曲折其木以为几,不知器是做成的,不是生成底,迨其生机不遂,而夭阏以至枯槁,乃犹执夏楚而命之曰:'是弃材也,非教之罪也。'呜乎,其果无罪耶?"学生以后成长为什么样的人,这些庸师在做决定,掌握着大权。因为传统语文教育充满了浓厚的专制色彩,"师如父"的思想观念把教师的地位抬得非常之高,教师的思想是占统治地位的,且不容置疑、不可动摇。庸师往往按照自己的主观意愿、偏好来塑造学生,忽视学生的接受能力和身心特点。在庸师的眼里,学生就像是可以供玩弄的泥土,庸师喜欢什么样的塑像,就任意扭捏、涂色,直至心满意足。这样的教学状态实在是可恶。

传统的教学活动主要表现为:教师讲,学生听;学生的主体性被忽视,教师的主导作用被严重扩大;只关注把知识硬生生地灌输给学生。这不仅造成对学生课堂主体性地位的忽视、学生个性的扼杀,也是对学生的不尊重、不信任,使学生养成了对教师的过分敬畏,对教师权威的过度服从。而教育成功的关键在于尊重学生,只有教师真正把学生当作一个个活生生的人,看成是一个个有待发展的人的时候,我们的教育教学才有可能成功。著名教育家高德胜先生说:"教育是一项道德的事业,是教人向善的。"[1]在这一事业中,主要的实施者(教师)具有重要的作用。教师教育学生要有关爱之心、教学良策。如王筠所说:"教弟子如植木,但培养浇灌之,令其参天蔽日。"是的,种树也要遵循一定的法则。树木的生长自有其特定的规律,不是人为可以自动扭曲的,要采取培养的态度。

王筠把学生学习写文章的过程类比于蚕变成蛹最后化为蛾的过程,认为学生的作文是在屡次脱换中不断自化的,正如蚕茧经过几番蜕化后变为蛾子的过程。这是一个学生自我学习和自我提升的过程,老师的作用是适时地提醒和引导。但是,若学生在蜕化和脱胎换骨之时遇到昏庸的老师的话,庸师不给予引导,反而强加阻拦,结果只会让人为之惋惜,或许因此毁坏一个有潜力的学生的发展。如果遇到好的老师,当学生文章脱换之时,其文必变而不佳,教师不会一味地监督和指责,而会在旁指导学生如何脱胎换骨,如此一定会产生"文境必大进"的结果,这样的老师对于学生的写作发展是绝对有好处的,也可以达到"收放自如"的地步。王筠讲了一个例子:"诸城王木舟先生(名中孚,乾隆庚辰会元)十四岁入学,文千余字;十八岁乡魁第四,文七百字;四十岁元,文不足六百字矣。"意思是说诸城的王木舟先生,14岁上学的时候,他的文章能写1 000多字;在18岁时,参加乡试,获得第四名的成绩,此时,他的文章能写700字;到他40岁时,中会元,文章却写不到600字了。

此外,王筠认为儿童教育须根据儿童的性格特征来实施,使儿童在"书中得有乐趣",因此主张顺性自然和因材施教的原则方法。世界上没有两片完全相同的树叶。同样,世界上没有两个完全相同的人。个性是每个人独有的区别于他人的特性。每个人都是一个完整的世界,没有重复,各有特色。再加上每个人的生活环境、思维习惯、人际交往、学习方式等不同,每个学生的发展速度和水平都是不完全相同的,有些学生发展较快,而有些学生则大器晚成。所以,教师对待学生的教育方法要根据学生自身的需求和特点而有所不同。

---

[1] 高德胜:《道德教育的20个细节》,上海:华东师范大学出版社,2007年版,第94页。

王筠在编写《文字蒙求》的过程中,经常考虑到儿童的接受能力和知识水平,充分尊重儿童学习中的趣味性、形象性。关于编纂此书的说解方式和他所收的内容等,他在序中说:"诚约而易操者乎?说解取其简,或直不加注,兼以诱之读说文也。撰文间依钟鼎,以说文撰写有伪也。恒见字不加切音,不欲其繁也。"今人将《文字蒙求》中的释义与"说文"中有关该字的释义进行大量对比后发现,王筠能经常考虑儿童的接受能力和知识水平,不照搬"说文"抽象难懂的训解,而以明白易懂的语言,对其读音、意义,尤其是字形构造加以阐释。而且在字义的解释中,还能充分地考虑到趣味性和儿童的知识水平及接受能力,他以明白易懂的语言,对其读音、意义,尤其是字形结构加以具体阐释。如对"旧"字的解释,"说文"解释为"实也,太阳之精不亏,从口一象形";而王筠解释时,用的是民间神话传说,"日中有黑影,初无定在,即所谓三足鸟也"。又如"月"字的解释,"说文"解释为"阙也,大阴之精,象形";王筠解释为"月圆时少,阙时多,且让日,故作上下弦时形也。中一笔本是地影,词藻家所谓顾兔挂树也。"从王筠对字义的解释中,我们不难发现其良苦用心。这样进行教学,学生不仅容易记忆,而且在识字中增长了许多趣味性的知识,还能激发想象力。当学生了解了这些传说故事后,他们再去看太阳、月亮,也许在无形中就多了一份诗意般的遐想。从中我们可以看出王筠深厚的文学修养,更能体会到他处处"以人为本"的思想。

王筠在《教童子法》中论述了教师对学生的鼓励是何等重要,顺应学生学习的特点,按照适合学生学习进度的规律进行教学是多么明智。这一点体现在对学生作文的批改上。他说:"善作不如善改。"作文批改是作文教学的最后一步,至关重要。一篇文章的好坏,与文章润色、锤炼和完善水平的高低有很大关系。谈及教师对学生作文的批改,王筠的原则是"少改易之,以圈为主",让学生对老师所圈之处有一个思考和比较的过程,自己得出写作的要义。王筠主张教师不要对学生的文章做大幅度的修改,而是以准确精当为宜,否则便会破坏文章作者的初衷,更会挫伤学生写作的积极性。宋代蒙学教育家王日休的"若改小儿文字,纵做得未是,亦须留少许,不得尽改。若尽改,则沮挫其才思,不敢道也。直待做得七八分是了,方可改作十分。若只随他立意而改,亦是一法。"[①]说的

---

① 王日休:《训蒙法》,载张伯行主编《养正类编(雕刻本)》,1866年,福州正谊书院藏版。

也是这个意思。作文的修改一定要以鼓励为主,采取循序渐进的方法,鼓励学生逐渐有所提高。如果教师把学生的作文改得面目全非,即便是批改的结果比学生的作品好很多,也达不到提高学生作文水平的目的,只会让学生失去信心,对作文望而却步,结果恐怕只能适得其反。因此,教师一定要把握好批改作文的力度和质量。

王筠生活在"师与君父同"的时代,教师处于绝对的权威地位,对学生有绝对的主宰作用。许多"无知之师"轻视学生的人格,压抑学生的个性,甚至摧残学生的身心,实行棍棒教育,结果造成了大量的"废才"和"弃才"。他批评某些庸师对待学习不好的学童,"乃犹执夏楚而命之曰:'是弃材也,非教之罪。'呜乎,其果无罪耶?"他认为教师应该有较高的职业素养。如果"日以夏楚为事",则弟子因苦而厌学,教师亦因恼而无功。

如今有些教师不关注那些学习"较差"的学生,有时还会说出一些不合教师身份的言语。例如,对那些理解力较差、学习速度稍慢的所谓"差生",教师会说出一些"笨蛋""傻瓜""猪脑子"之类的讽刺性的话。哪个学生不希望自己的成绩能好点,也能得到老师的喜爱?可是每个人的天资被挖掘的程度是不同的,导致学生的发展也是各不相同。所以,对学生的无意的错误,老师不应该那么苛刻和无情。本来学生渴求教师关怀关注关爱,可是有些教师为了宣泄自己对"差生"成绩差、拖全班成绩的后腿以及影响自身职业成绩评定等不满的情绪,对学生的身心、学习、人格进行诽谤和攻击,这无疑是对学生的当头一棒,这部分学生的身心会如同雪上加霜般难以正常发展。本来有些学生的学习自信心就不强,发展速度就慢,以致学生最终"枯槁"。更有甚者,体罚成了对待"差生"的教育手段。学生学不好,怪罪学生;作业做不好,体罚学生。想尽各种方法,努力"纠正"学生,甚至命令学生,只为自己的舒心和职业饭碗。教育的真谛早已被现实的功利目的掩盖得毫无生机。诚然,教育也是需要惩罚的,但惩罚不是体罚,而是教育惩戒,是让学生学会为自己的过失承担责任。

现实中,教师很难无微不至地关心到每个学生的成长。在升学压力的逼迫下,或许有些老师会有选择性地"优待"一部分学生,讨厌甚至嫌弃另一部分学生。主要看待标准是与学生的学习成绩相关的,成绩优良的学生可以得到老师欣赏的目光、额外的照顾;而成绩不好的学生,加上平时考试"拖后腿",招致一些老师不愿搭理这些学生,因此,毫无疑问的是这些学生的学习必然受其影响,身心健康也遭到损害。不得不说,教师自身对教育事业的追求和热爱需要进一步提高。

每个人都有自己的长处,有值得欣赏的地方,教师要根据学生的特色施教,要把学生培养成适合学生本人的人。正如树木一样,"其大本可为栋梁,即其小枝,亦可为小器具"。在《教童子法》里,王筠特别主张教学应遵循顺应自然、因材施教和循序教学。顺应自然,即"教弟子如植木,但培养浇灌之",对待学生的发展,要采取"培养"的态度,把学生身上潜在的特性培植起来。因材施教,即"其大本可为栋梁,即其小枝,亦可为小器具",不同的树木有不同的材质,那么不同的学生的天资也是各异的。学生有差别,教师应当根据学生的个性差异因材施教,循循善诱。

根据《教童子法》中王筠告诉我们的简易却又深刻的教育哲理,分析当今教育相关的现状。现实状况中,也存在着类似的"昏庸"教师,他们按自己的主观意愿把学生随意塑造成自己喜欢的"人才",同时忽视"弃材"和"废材"。打个形象的比方:这些教师教育学生就像工厂里生产产品一样,大规模、标准化、一体化。学生就是待生产的产品,教师就是工人,教室就是厂房,领导就是监工。一样的流水线,相同的生产模式,造就了一样的产品。如果在生产过程中,工人没有认真投入生产过程或者由于自己的过错导致整个流水线不能正常运转,影响整个产品的供应,监工就会出现在你面前,轻则训斥你几句,重则扣工资、减少休息时间、加班加点,甚至丢掉自己的饭碗。这样的情况下,工人的积极性会提高,但不是真正发自内心的提高,是迫于生计和社会压力的结果罢了。诚然工人都会打起十分的精神好好经营自己负责的那条流水线,却不会在意产品本身的好坏,只管好自己的分内之事就算了事。监工呢?只要保证自己辖区的工人不出乱子、不闹事,并且生产量有保障就够了,大家各司其职、分工明确、相安无事,谁又去操心产品的合格性与适用性以及对消费者的影响呢？教室就像厂房，桌椅像设备一样摆放得整齐划一、条理分明。不经监工和工人的允许，厂房的布局是不许乱动的。最大的受害者其实是产品。自身根本没有发言权，没有为自己主张合理权益的权利，只有沉默无语的凄凉。产品无情地被工厂生产着，被工人摆弄着，最终还要接受来自整个社会消费者的评价。如果产品不好、不被认可，那绝对是产品自身的问题，倘若不合大众的需求，最后还免不了要受到工人的销毁或者改装。

真正的教育对教师的角色要求是师长、朋友、学生，要改变以往"主宰者"的身份和地位，改善教师权威的表现形式，从过去的显性逐渐向隐性过渡。在语文课堂上，教师应该多一点微笑，对学生多给予一份理解，备好课，多些耐心，用自己的知识和魅力尽力去满足他们的好奇心，创设比较人性化的精神环境，为学生创造性的发挥创造条件。在课堂上，教师要充分发挥学生的主体作用，将教师的指导、帮助作用渗透于学生主体作用的发挥中，相得益彰、相互促进。另外，教师要杜绝"一言堂""满堂灌"的教学方法，课堂是学生的舞台，学生唱好主角，教师做好配角，才能使整个课堂激情四溢、精彩纷呈。在语文课堂教学中，教师应放下高高在上的架子，把自己摆在和学生平等的地位上，调整心态，学会尊重学生。教师也要改变从前不良的发问习惯，创设问答结合、合作学习的氛围，让自己努力成为学生的学习伙伴。多一些鼓励，少一些苛求，真正地做到以生为本。让学生感觉到放松，他们的大脑才会解除紧张的状态，精神也会呈现积极的状态，学生内在的生命热情和潜能才有发挥的空间和条件，学生智慧的火花才有可能发展为燎原之势。

第八章

发展的为师之道

田间地头也可以是学习的场所

王筠作品中的教育思想

教师所从事的工作不但育人而且育己,能促进人生命的高质量成长与发展,是知识、能力、情感各项活动的整体浸渍。教师需要在自我超越中正确理解教育的深层底蕴,并将目光聚焦在学生主体性的回归和其生命的建构上,真正实现师生双方的人格塑造与精神解放,从而构建一种和谐、民主的教育意境。王筠对语文教育活动和教学规律做出了有益的理论性探索,提出了"良师与庸师"的论断,并以他高尚的人格、深邃的思想、渊博的学识、精湛的教学艺术影响了后世的研究者。因此,研究王筠的语文教育思想,推演出其中所蕴含的现代价值,能够触发对许多老问题的新思考。

第八章　发展的为师之道

第一节　无知之师

乾隆末期至咸丰末期,正处于清朝从强盛走向衰落的时代。当时,盛极一时的康乾盛世不复存在,统治者奢华萎靡、贪图安逸、思想僵化,政治腐朽,封建专制已达顶峰,阶级矛盾不断攀升,社会动荡不安。与此同时,由于统治者的严格控制,科举制也开始逐渐丧失原有的活力而日趋刻板,其直接后果是滋生了教育的功利主义取向。顾炎武在论述当时的学风时痛心疾首道:"天下之人,惟知此物可以取功名,享富贵,此之谓学问,此之谓士人,而他书一切不观。"[①]黄宗羲也发出"嗟乎!自科举之学盛,世不复知有书矣……数百年亿万人之心思耳目,俱用于揣摩剿袭之中,空华臭腐,人才闒茸"[②]的感慨。

古代的语文教育是一种储济世之人、养厚德之才的浑成体系,注重"修身、齐家、治国、平天下"的理想人格的培育。《说文解字》释"教,上所施下所效;育,养子使作善也",也就是说教育,既要教学问,也要引导弟子具有正大庄严曼妙恣逸之材质。教师在人才培养方面具有至关重要的作用,教师的才德品行都会对学生产生潜移默化的影响。良师启人,厚德博学,启新拓域,春风化雨,亦师亦友;庸师误人,才德平平,思想贫乏,照本宣科,不教而刑。同样,王筠将针砭时弊的矛头对准"无知之师",提出"学生是人,不是猪狗"的教育理念。在"师与君父同"的时代,他批判现实中的许多教师无视学生的个体价值,苦心教授时文排律,压抑学生的个性,以"夏楚"为事,摧残学生身心。在奉科举制为圭臬的时代,能关注到学生本身的尊严、兴趣、发展,而不是把他们扭曲成应对科举的机器,这无疑表现了王筠作为一位学者卓绝的见解与过人的胆识。

[①]周德昌:《中国教育史研究》(明清分卷),上海:华东师范大学出版社,1996年版,第59页。
[②]孙培青,李国钧:《中国教育思想史》(二卷),上海:华东师范大学出版社,1995年版,第351页。

王筠作品中的教育思想

在今天看来,教育的终极目标不应该是知识与技能的获得,不应该是道德情操的灌输,而应是让学生在学习、爱和信任中成长,促使其个体生命的觉醒和扩展。这实际上是与王筠关于"学生是人"的思想一脉相承的,尽管具体的内涵与当今存在许多差异,但它作为一个历史的结点与线索,对我们关照当今语文教育的局限具有重要的参考价值。

王筠的《教童子法》全文仅 6 000 余字,附于《四书说略》之后,是一部自称序化体系的教育专论,在很大程度上揭露了封建制度下教育所出现的弊病,尤其是针对教学方法和师生关系的问题,提出了自己的独到见解。后被清末维新派人士江标收入《灵鹣阁丛书》中,江标有按语道:"余以其可砭俗师也,校而刻入丛书中。有极陋极迂处,而极通处甚多,不得不为善教者。近见德国学校章程,纲举目张,皆实事求是之学,教童子尤严密。国之新者学必新,教人者尤当知之也。"由此可见,江标之所以收录《教童子法》是因为它具有"砭俗师"的作用。他是受到西方先进教育思想的影响,希望广大教育者认识到"国之新者学必新"以达到救亡图存、兴国兴民的目的。而对于我们今天的教师来说,《教童子法》中所列举的"无知之师"的种种表现,仍是我们现代语文教育必须要思考的问题。

反思教育现实,王筠对于"无知之师"的论述可谓一针见血,揭示了其思想贫乏、教学无方、缺乏灵性、底蕴尽失的现状,具体表现为:

其一,教育目的异化。明清时期,中央集权达到顶峰,选官制度也达到了无以复加的程度,而学子们实现"鱼跃龙门"的唯一途径就是通过乡试、会试、殿试等考试的选拔。但是,王筠批判以"督责以时文、排律,白折红行,捷南宫,入翰苑"为教育目标的俗师,他开宗明义指出"乃世之教童子者,只可谓之猎食",也就是说,以"入仕"为导向,把教育异化为浅显、平庸、没有灵魂的认知结构的堆积,教师无异于仅能糊口的机械工人,而学生则为加工而成的标准零件。由此,我们可以看出,教师的导向作用在人才培养中至关重要。教师的教育观是其从事教育教学活动的行为指引,它映射着教师的价值预设和选择,蕴含着教师的教育意向,体现着教师的人生追求。有什么样的教育观,就有什么样的教材观和师生观,如果认为成绩大于成长,文法大于情意,那么必然造成"憔悴枯槁窘束于规矩之中""至于出丑败坏,屈抑多士"的狼狈局面。顺应这个思路,我们的教育中,过多地掺杂了成人世界的功利与世俗,轻易地玷污了孩子们原本纯净无瑕的心灵。

王筠说:"不敢望子弟为圣贤,亦当望子弟为鼎甲"。"学而优则仕"在我国古代教育中本就无可厚非,需要说明的是王筠所指摘的是科举取士下的教学思想与方法,并不是否定科举制度本身,他自然希望教育能够培养出德高清廉的官员为国家做贡献,而不是俗不可耐、自私势利、目光短浅的庸才。王筠教育思想的意义在于,一方面,他注重教育的"茁实",将教育的目标定位在"鼎甲"而不是"圣贤"。这在一定程度上挣脱了中国传统的"圣化"情结,使教育回归到引导学生理解和掌握知识和能力的根本上来,从而使人们能够看到真正的希望,能够真正地表达自我、舒张人性,毕竟教育不是空中楼阁,孔孟不是时时存在。另一方面,科举考试考中的人数毕竟有限,应试的大部分人可能一生功名无望,他认为科举并不是唯一的出路,师生切不可"痴想功名",即使名落孙山,也可以"自娱""教子"和"使乡里称善人,士友称博学",这说明王筠已经关注到教育的多元取向。这点在现代教育理念中有着更明确的反映,2003年《普通高中语文课程标准(实验稿)》便提出"促进学生均衡而有个性地发展"。确实,也许我们终究成不了科学家、企业家,也许只能做一个小小的螺丝钉,但螺丝钉自有螺丝钉的功用与价值、快乐与幸福,这是连大头钉都替代不了的,更不用提那些成功人士了。王筠能够粗略地提及这些,实属难能可贵。

在此基础上,王筠又提出要功名、学问、德行三者并重的教育思想。他说:"功名、学问、德行,本三事也,今人以功名为学问,几几并以为德行。"功名,科举及第,兼济天下;学问,博采众长,约取实得;德行,独善其身,忠信超旷。三者各有侧重,不可混为一谈。其中最易忽略的一方面要数"德行",殊不知唯贤唯德才能服于人,内外兼修方显人格魅力。王筠本身就是一个品性高洁的人。据临汾市地方志记载,道光二十六年(1846),乡宁大旱,百姓生活饥寒交迫,时任乡

王筠作品中的教育思想

宁县令的王筠命开库发放存粮救济灾民,并奏请免赋税。他同时还多方筹集资金,修筑城墙,以工代赈,称凡参加修城的难民,免费供餐,并发给工钱。[①]由于其性情刚正不阿,为官廉洁,不善逢迎上司,虽政绩显著,却一直得不到升迁。"贫,节不改;达,志不怠。"王筠用一种超然、平和的态度直面官场的失意,并超越了生活的苦难,成为后世文人在宦海浮沉中的道德典范,这就是王筠德行的精髓。

其二,教学内容贫乏。王筠在《教童子法》中痛斥尽让学生读俗不可耐之文的教师,如此"书不取其多,不取其熟,不取其解",学习对于学生来讲只是"念藏经而已",经年之后,纵使侥幸入仕,"敷奏一事,则时文之法不能达其所见也,自恨读史之不早也;公燕分体赋诗,则排律嗫嚅之词不足道其情也,自恨《文选》之未见也",更有甚者"主持文衡",遇生典故则搔首踟蹰,使"房官"检查,又见才人文赋之笔,以为文体不正,而不知"四书"有《汪氏大全》《陆氏大全》《王氏汇参》,不知古文之益处,皓首穷经,终无所成,为天下人笑矣。故有人以学八股比之裹小脚者,即侥幸得售,亦仅一偏之器,不能使其天赋健全发育,此种教育无异于戕杀人性,此种教师无异于助纣为虐。

以鸦片战争为界,清朝可以分为前后两个时期,清朝前期盛行实学和启蒙思潮,教育家们都崇尚"实才实德",如颜元、黄宗羲、阮元等学者都注重"本经术之学,展经济之用",他们所主张的教学内容也表现出鲜明的"实"和"博"的特征。因此,王筠的语文教育内容观同样具有"实学"的色彩,他提出"学生是人,不是猪狗"的口号,主要从识字写字、阅读、写作三方面分阶段、分才智、分方法对教学内容做了详细的论述,使学生知识增长和个性发展统一于教学过程中,以形成一个有机化的整体。王筠选取了《蒿庵闲话》中历城叶奕绳"强记法"的事例,说明了"约取而实得"与"泛滥而枵腹"的道理,这就是他注重语言文字实际训练与应用本领的映照。反观今日部分语文教育,幻灯片精美绝伦,小组讨论天马行

[①] 王云:《浅论王筠的学术贡献及影响》,硕士学位论文,山东大学,2007,第33页。

空,舞台剧花里胡哨,而广大教师却忘却了语言文字习得与运用才是母语教学的根本,一味虚假夸大了"人"以至于架空"人",其实,语文学科区别于其他学科的本质属性正是它的工具性。由此,王筠建立在真实的人之上的母语教学内容和策略,是我们今天需要学习的。

值得一提的是,王筠虽然注重语文教育基础性的内容,但是并没有囿于此,教育对学生的价值还在于培养学生高尚的情操、优良的品质和健康的审美情趣,使他们在提高语言应用水平的基础上能够认识和改造自己的主观世界和自然、社会等客观世界。因此,王筠还强调道德情感的熏陶在教学中的重要性。他说:"讲书时,常为之提唱正史中此等事,使之确记,且兼资博洽矣。"这与王筠自小受到的教育是分不开的,他父亲王驭超自小授予他读书为人之道,在做人上"以圣贤律之",在论诗上"以杜、李、王、孟律之",在论文上"以秦、汉、唐、宋律之",因此,反映在教学上王筠认为要"应对进退,事事教之;孝弟忠信,时时教之",即处理大小事情,都要讲究礼节规范、道德修养的养成教育,应时时不忘。在我们看来,这点在今天仍具有现实意义,因为缺乏生命色彩的教学内容,是造成教学育人价值轮空的深层次原因。

其三,教学方法简单。读书而不讲,教之罪也;讲而不善诱,教之罪也;诱而不通执"夏楚",教之罪也。在王筠看来"废才"实则是这样铸成的,"读二十艺、三十艺,然以一字不讲之胸,即读俗不可耐之文,庸能解乎?费尽师傅蛮力,使之能解,钝者终身于此,芹不可掇;敏者别读佳文。夫费数年之功以粪浸灌其心,又费数年之功,以洗濯其粪,何如不浸而无庸洗之为愈乎?"这段文字颇为耐人寻味,只教导学生"嚼木札",终究会消化不良,如此这般的工程浩大,教师费劲,学生也费劲,到头来获得一个"废才"的名头,实在是郁闷之极。学生是正在发展中的人,是在知识、经验、情意等方面有待发展和提高的人,需要教师传人生之道,受经世之业,解迷惘之惑,这也是教师的价值所在。如同上述那种"放羊式"的喂养方式,教师自身形同虚设,更谈不上拥有个性色彩和人格魅力了。

王筠反对"日以夏楚为事"这种伤害学生身心的教育方式,这与现代社会当中教师所采取的罚抄作业、停课,甚至体罚学生如出一辙。这些简单、粗暴的方法并不属于真正的教育,而是缺乏耐心和爱心的管教。如此这般,教师的劳动停留在低效用的层次,缺乏对教学内容的价值和学生心理的深刻洞察及对自身工作的高远立意,从而使教育沦为一系列邯郸学步、人云亦云的机械操作,扼杀了学生的个性和成长的幸福。由此,王筠说:"故观其弟子欢欣鼓舞,侈谈学问者,即知是良师也。若疾首蹙额,奄奄如死人者,则笨牛也,其师将无同!"由学生的学习状态则可以判断教师的优良与否,学生乐学的即为良师,学生痛学的即为庸师,教师也如"笨牛"般。无疑,王筠所追求的语文教学的理想境界正是孔子描述的"暮春者,春服既成,冠者五六人,童子六七人,浴乎沂,风乎舞雩,咏而归"这种充满生气与诗趣的"人境"。

其四,违背教学规律。《孟子·梁惠王上》:"数罟不入洿池,鱼鳖不可胜食也;斧斤以时入山林,材木不可胜用也。"告诉我们的道理是:要遵从可持续发展的原则,遵从时令,合理利用自然资源。同理,王筠认为教弟子亦如植木,培养浇灌本可使其参天蔽日,而当今的教师不待其长成便曲折其木"欲其为几",以至于其"生机不遂而夭阏以至枯槁",究其原因在于教者"不知器是做成的,不是生成底"。没有哪棵树长出来就是个茶几、桌子,就如同没有天生的"废才"一样,只有制造的"蠢材"。可以看出,"目中无人"是教育中存在的一种违背教学规律的现象,违背学生的成长规律,这种做法无异于揠苗助长,导致了语文教育的盲目性、随意性和混乱性。晚清上海澄衷学堂教员刘树屏深感传统教育违背教学规律,批判教师"不责以日用行习之常,而反语以性与天道高远难行之旨,不循循焉师尼山善诱之术,而惟束缚以立之威"[①]。乾隆之后,清代国运日渐衰微,与经过工业革命迅速发展的西方国家在政治、经济、文化等诸多方面产生了差距,中华民族正值大变革的前夜,在这样的历史条件下,无论是传统教育的"天道涵泳",还是清代教育的"应试唱酬"都使学生的学习系统处于封闭状态,都无法抵挡国外的坚船利炮,因此,教育的浅薄和庸俗无异于一场国家和民族未来的劫难。

[①] 朱有瓛:《中国近代学制史料》(第一辑下册),上海:华东师范大学出版社,1986年版,第828页。

王筠在《教童子法》中罗列了种种违背教学规律的做法,具体来说可以分为以下几种:第一,盲目型。"时下题难得,则教以《文选》《咏史》诸篇,而所读之书,无往非题矣。咏物题太小,与画折枝草虫一般,枉费气力,如有孝子慈孙,以示操选政者,其入选也仅矣。此亦由师不知是魔道,未尝告之而然。"王筠认为咏物题小不足以达恢宏之意、传博志之情,而世之教者不知此种题材表达的限制,以自认为的"固化真理"盲目训练学生"为赋新词强说愁"般的操守,割断了书本知识与人的生活世界的丰富、复杂的联系,实际上是将学生引上了"井底之蛙"的不归路。第二,随意型。"讲又不必尽说正义,但须说入童子之耳,不可出之我口,便算了事。"教师的责任在于点燃学生智慧的火花,并使它终生不熄地燃烧下去,而不是把学生当作盛"道德"和"知识"的容器。王筠所提及的这种"出之我口便算了事"的教师教育出来的学生,多是温良、恭敬的"谦谦君子",而少有独立思考和勇于创新的开拓者,这种呈现方式其主要的后果就是造成了语文教育育人价值的贫乏化。第三,混乱型。"当读书之时,不多读,不勤讲,而以时文爚乱之,是文扯书之腿也;当应学文之时,又念经书,不熟不解,无作料光彩,则又欲温习,此经扯文之腿也。意不两锐,事不并隆,何如分致其功之为愈乎?"应当读书积累语言材料时,偏偏用文章章法轰炸,扰乱学生心智;应当考究章法形成格局时,又因养料不足无法作文,反致两伤。因此,王筠进一步指出要按照识字、读经、作文的顺序专心致志以攻之,切不可瞻前顾后,牵肠挂肚。章句之妙,于文有彩;读经之妙,于文有本。因此,教育不是开玩笑,而需要遵循学生的学习规律和身心发展规律,以培养学生丰富自身智慧的需要和应用于实践的需要。

其五,重教而不重育。教育,是由教学和育人共同组成的,教学是实现育人这一根本目的的途径与手段,在教学中,教师要教好书首先需要明白育什么样的人。而在传统教育中,则更侧重教,教师无非是传授文化知识和人生道理,如上王筠提及的"读书而不讲""出之我口便算了事""督责以时文排律""日以夏楚为事"之类的教师,连"教"都尚且不够格,更谈不上"育"了。这就造成了师生关系的僵化和不平等,教师处于绝对的统领者的地位,学生飞扬的灵魂、积极的能动性和充满活力的建构在这里消失了,取而代之的是麻木、机械和被动的接受、训练和规范。因此,王筠主张语文教育回归到对人的关怀的价值原点上来。

王筠作品中的教育思想

纵观我国语文教育的历史,以人为本的教育理念古已有之,以孔孟为代表的早期儒家教育,体现的正是这样一种"把学生当人看"的思想。孔子终生的教育理想在于培养弘道的志士和君子,以实现"仁"与"礼"的和谐大道状态,因此他提出"有教无类""教学相长""因材施教""启发诱导"等教育原则,对前来求教的学生都充满了极高的热情和信心,唯恐"学如不及",体现了他"爱人"的特点。孟子则从他的"性善论"出发,认为教育的目的在于不断触发人的"仁""义""礼""智"这样的"善端",从而达到"万物皆备于我"的人生境界。孟子说"君子深造之以道,欲其自得之也",只有自己动手方可"居之安""资之深""左右逢源",他强调了学生的主动精神,"尽信《书》,则不如《无书》",这意味着对学生精神世界的尊重和信任。可以说,孔孟的教育主张为我国教育开启了一扇民主与自由的大门。而在王筠的语文教育思想中,他关注的核心问题是如何确立"学生是人"的教育理念和如何在具体的语文教学实践中贯彻这一理念,而这一发人深省的问题也需要我们当今教育者继续探索。

在我们现行的教育中,更多的时候,孩子生活在压抑和责骂之中,"不能输在起跑线上"像个紧箍咒一样,从走入幼儿园那一刻开始,甚至更早,他们就被逼迫着优胜劣汰,提高成绩。尚不高大茁壮的幼苗,不是生活在温情和多彩当中,而是在风口浪尖忍受着狂风暴雨、冷露寒霜,这样,成长的烦恼自然占据了生活的主流。苏联著名教育理论家和教育实践家苏霍姆林斯基认为"教育——这首先是人学",他在《把整个心灵献给孩子》这本书中写道:"对我这个教育者来说,一件必须的、复杂的、极其困难的工作,就是使年轻人深信:知识对你来说之所以必不可少,并不单单是为了你将来的职业,并不单单是为了你毕业以后考上大学,而首先是为了你能享受一个劳动者的丰富的精神生活;不管你是当教师还是当拖拉机手,你必须是一个文明的人,是你的子女的明智的和精神上无比丰富的教育者。"[①]一个好的教师能够走进学生的心灵,关心他们的快乐和悲伤,与他们进

[①] 李镇西:《教育——这首先是人学》,南京:江苏教育出版社,2011年版,第46页。

行真诚的沟通和交流。教育的活力在于人的思想、人的个性、人的情感的提升与发展,以使学生成为具有独立人格和创造精神的现代公民。

总之,孩子的肉体和心灵,就如同鲜花一样渴望雨露和阳光的润泽,然而,"功名""权威""尊严""真理"却将孩子们的人格打成了碎片,且难以愈合。我们不禁要问:怎样的教师才是一个好的教师?怎样才能勾勒孩子的美好未来?

第二节 呼唤良师

《论语·雍也》中说"知之者不如好之者,好之者不如乐之者",对于教师来说,其不仅要使学生"知"所学的知识,更重要的是让学生"好之",进而"乐之",把学习当作一件快乐的事情,这也是王筠理想中的教学状态。王筠所提倡的教育是一种唤醒教育,它指向的目的不是传授已有的东西,而是要把学生的自我意识诱导出来,将其生命感、幸福感、价值感唤醒;王筠所提倡的教育是一种人性教育,这里的"人"指的是正在成长中的人,是蕴含无限潜能的人,是拥有独立人格的人,它意味着教师要给予学生精神与心灵的自由,尊重学生思考、表达与创造的权利;王筠所提倡的教育是一种双向教育,这种教育不再是教师的居高临下和学生的俯首帖耳,而是师生双方相互影响、相互启迪、相互感染、相互理解的真实共生过程;王筠所提倡的教育是一种朴素教育,它没有过多的修饰与包装,直指母语教学的根本,即语言文字的习得和传统文化的传承,有一份洗尽铅华的真与纯。由此,可以说一个成功的教师不仅是课程知识的开发者,更是教育精神的创建者;不仅是学习过程的参与者,更是学生心灵的点燃者。近年来,在如何建设好教师队伍这方面,国内许多教育研究机构都取得了长足的进步,其中,玉成书院因其独特的方式和显著的成果,在众多教育研究机构中得以脱颖而出,值得我们广大教育工作者学习和借鉴。玉成书院创始人有句名言:"教师和医生,再多的知识都不够!"只有能力强、素质高的教师队伍,才能把教育搞好。下面,我们就来探求一下王筠教育理想中良师的标准。

首先,作为一名教师应该有广博的知识。自古以来,知识就在教师的职业生涯中占据不可替代的地位,一方面,知识是教师从事教学活动的前提条件,另一方面,知识也是教师专业素质的重要组成部分。毋庸置疑,高素质教师必然具有斐然的教学成果、教育表现和与之相吻合的复杂知识结构。我国先秦时期重要的教育典籍《学记》中记载"记问之学,不足以为师,必也其听语呼",这句话是说如若仅凭一点死记的零碎知识来应付学生是不够的,教师必须能够随时回答学生提出的问题并给予适时的指导。汉代在长安设立了全国性的教育机构——太学,从武帝时,太学的科目和弟子日益丰富和增多,主要有《易经》《诗经》《尚书》《礼记》《公羊传》《穀梁传》《左传》《尔雅》等课程。太学的教授称为"博士",意为博学多能的通士,从教学的科目就能看出太学对教师的要求很高。据《汉书·哀帝本纪》记载,"博士"不仅要熟识经史百家,还要"明于古今,温故知新,通达国体",可谓一代"经师硕儒"。

王筠在《教童子法》中提及"才高者,全经及《国语》《国策》《文选》尽读之;即才钝,亦'五经'、《周礼》《左传》全读之,《礼》《仪》《公》《穀》摘抄读之",那么,对于这些经典的解读,包括后文提到的"二十四史""四书"以及"日告一事""三四日,必须告以活典故",教师更是责无旁贷。此外,六书、四声、韵部、双声、叠韵、属对、格律、八股、书法、作诗、作文,事事都须教。显然,为人师不易,因为真正好的教师不是生搬硬套而是游刃有余的,不是机械重复而是自主建构的,正所谓"台上一分钟,台下十年功"。然而,教师教学的智慧不是娘胎里带来的,也不是凭空而来的,而是在知识的海洋中汇集而来的。仅就王筠眼中的清代教者来说,不仅需要文字学的知识,还需要文章学的知识;不仅需要语言学的知识,还需要文艺学的知识;不仅需要文学知识,还需要史学知识;不仅需要教育学的知识,还需要心理学的知识。

以识字教学为例,王筠说:"先取象形、指事之纯体教之……纯体字既识,乃教以合体字。"其实,汉字是表意文字,由形、音、义构成,每个汉字都能表现出特定的意义,可以说是人的思维、自然与社会的艺术呈现,具有生命力,如"山"像山峰状,"人"像一个人侧身的形象。因而讲生字,教师往往要熟识该字的出处、本义、引申义、古今字、异体字以及与之相关的典故、名句,这样一方面便于深入浅出地教学,另一方面便于解决学生的疑惑。如"取"字,"捕取"的意思,左边是耳朵,右边是手(又),合起来表示用手割耳朵,因为古代作战,以割取敌人尸体

王筠作品中的教育思想

首级或左耳计数献功,故表此义。《周礼·夏官·大司马》中说:"大兽公之,小禽私之,获者取左耳。"就是说,捕获大的野兽交给公家,捕获小的禽类归自己私有,割下野兽的耳朵来评定成绩。所以,教师必然要具有复合性和动态化的知识结构,也就是说,教师的知识结构要能够横向拓展和纵向延伸,由此,语文教师才能够胜任文化传承与文化创造这一角色的使命,才能够广泛引领学生在各个领域都有所发展。

王筠在《清诒堂文集》中说道:"何古人偶作之而佳,后人日日习之而不佳耶?窃尝譬之,以一斗黍作一斗酒,其醇可知也。苟二之三之,必浇醨不复可饮。以不及古人之才,而彼以其少,我以其多,宜其敝也。"这番话道出了师者应当具有的学而不厌的精神,阐明做源头之水,方能厚积薄发。广泛阅读对于教师来说,不仅仅是摆脱教学时的捉襟见肘之窘,使学生深受教益,还在于给教师以开阔的眼光、深沉的思想去参悟教育的意义,发现生命的真谛。须知,打仗失败只是武力的失败,而教师读书积累学识的失败,是民族和精神的失败。王筠本人就是于好书无所不窥、无所不藏,他做知县期间,由于著书、刻书、藏书赔了数百亩的田产,当时就有"十年清县官,十顷祖业田"之说。告老还乡时,王筠除了简单的行囊之外,就是书籍和印书的书版数车。对此,他在自题画像中写道:"哀哉王筠,王筠可怜,子孙若贤,多存几年;子孙不贤,长街卖钱。"王筠就是这么一个把读书与学问当作生命的人,世上师者如若能"一丝而累,以至于寸;累寸不已,遂成文匹"般丰富自己的知识,定会成为有魅力、有精神感召力的教师。

众所周知,王筠一生著述繁多,粗略统计大约有48种,其中大部分为文字训诂校订的著作,他在《今本经字多俗体论》中说:"今之经典,非皆通儒故本……盖经之淆也,自后汉始,至隋改兰台漆书,而私习之书踳驳可知。况唐天宝三年,诏集贤学士卫包,改古文更作楷书,以便习读,而经文遂多俗体。徐鼎臣云,相承传写,多求便俗,草木虫鱼,肆意增益,宋之去唐时代为近,犹能知之,今且习为固然,反以正字为怪。"[①]王筠致力于考证古文经典,以疏通今文之义,使之不至

[①] 王筠著,屈万里、郑时辑校:《清诒堂文集》,济南:齐鲁书社,1987年版,第36—37页。

于"猖狂妄行"。从教学的角度来说,这实际上从一个侧面反映出了他对教师文化底蕴的要求,即教师心中要有汉字文化、经典文化和人类进步的文化,并要具有文化鉴别力以去粗取精、去伪存真。对教育者来说,更要注重对文本和经典道德性、审美性、情操性的阐发,以引领学生品读文化经典,认识文化精髓,体悟文化涵养。文字是语文教育的根本,基础打得牢,学生就会一辈子受用。

其次,作为一名教师应该要有精湛的教学能力。教师的教学能力是指教师针对学生的实际情况,把知识传授与思想教育有机结合起来,以提高学生的认识,熏陶学生的情感,锻炼学生的意志,从而增强学生适应社会和未来发展的能力。如果说知识是教师教学能力的资源与起点,那么能力则是对知识的内化与超越。有人将教育比喻成过河,其方式有两种:一种是把学生背过河去,另一种是教学生游泳。前一种方法看似直接,但终究治标不治本,等到学生长大要过河的时候依然没有法门;后一种则反映了教育的作用,即教授学生学习的方法,在这个绽放着激情与活力的语文花园中,学生的心灵将得到尊重与抚慰,学生的智慧将得到解放与开拓,学生的生命将得到飞跃与张扬。

王筠说道:"学生是人,不是猪狗……人皆寻乐,谁肯寻苦?读书虽不如嬉戏乐,然书中得有乐趣,亦相从矣。"由此可以看出,王筠主张教育回归生命个体,让每一位学生在宝贵的教育生活中能够感受到语文的魅力,从而能在丰富绚烂的知识海洋中获得与世界、人生的亲近,对于教师来讲,要引导学生透过语文的本色与特性,理解历史、体验生活、感受幸福和表达自我。这就决定了语文教师的教学能力必然包括理性和感性两方面,一方面,教师要遵循教育规律有效引导学生发现问题、分析问题、探究问题,使学生在建构自身知识的过程中,学会创造,学会表现,这就离不开教师的理性引导;另一方面,语文教育并非上令下达的单向传输过程,师生之间也需要情感的润滑和人格的滋养,因此,语文教师还必须有效给予学生精神的引领。换句话说,语文教师的教学能力就是在长期的教学实践中,科学调控和人文陶冶的有机结合,从而形成理智兼情趣的快乐教学。具体来说,主要表现在:

王筠作品中的教育思想

第一,善于诱导的能力。孔子是启发式教学的最早提倡者,"启发"一词来源于孔子的经典论断"不愤不启,不悱不发"。宋代的理学大家朱熹曾将其释为:"愤者,心求通而未得之意;悱者,口欲言而未能之貌。启,谓开其意;发,谓达其辞。"①孔子认为教师是不能代替学生领会的,而要在"愤"与"悱"时给予学生及时的引导,以开启学生的思路,点拨学生的思维,正所谓"学思结合"。《学记》中也有相关的精辟论述,如"君子之教喻也,道而弗牵,强而弗抑,开而弗达。道而弗牵则和,强而弗抑则易,开而弗达则思"。这段话的意思是,要引导学生但不要牵着学生的鼻子走,要严格要求但不要使学生感到压抑,要在问题处善诱但不要将结果和盘托出,这样,学生学习起来才能感到气氛和谐、简单容易,才有可能进行独立的思考。

到了清代,学者王夫之从学与思、教与学的关系的论述中发展了启发式教学的思想,认为"夫学以学夫所教,而学必非教;教以教人之学,而教必非学",即教学活动中要发挥"教"与"学"两者的作用,并相互补充。王筠继承了前人的思想成果,也很重视在教学上的启发诱导,他特别肯定了"孔子善诱"的教学理念,认为教师应当注意把握好学习的规律和时机,特别是在"遇笨拙执拗之弟子"时,"必多方以诱之",使其掌握一定的道理和方法,待其得"机之所在",再对他们的进步予以鼓励,必能达到"蔑不欢欣而惟命是从矣"的教学效果。教师的任务不是对学生求全责备,而是鼓励学生在纠正缺点时获得进步,在迷茫混沌中走向明白,从而成功引导学生的生命成长。教师须教,教之所以为教,不在和盘托出,而在因材施教、相机诱导。导者,虽无定法,贵在得法,使学生能渐进自求得之,最终达到"不待教师教授而自明"。

第二,培养问题意识的能力。古人云:"学起于思,思起于疑。"学习始于发问,"疑问"是探求知识的起点,是积极思维的表现,也是创造性的火花。王筠说:"为弟子讲授,必时时诘问之,令其善疑,诱以审问,则其作文时,必能标新立异,剥去肤词。"他认为,教师要为学生打开思考的大门,探索每个学生内心深处蕴藏着的充足能量,以问诱疑,让他们在已知的基础上求未知,始终激发学生的新鲜感和追求感,而不是要求学生一味诵记,"只是从唇边过"。在语文教学中,执迷于硬性的灌输,不仅不符合语言学习的规律,而且严重束缚了学生的问题意识和创新精神,使学生懒于思维、怯于思维,久而久之,我们的学生就会成为真正的木头桩子或者书呆子。为此,王筠还提供了两个范例,即前面说过的沂州张先生的教学故事和安丘刘川南先生的求学故事。这两例中,教师并没有越俎代庖,以自身的知识权威压制学生的主体性,而是鼓励学生问,让他们亲自去探索,去寻找问题的解决方法,如此,学生的语言能力和人生体验就在循环中不断得到同构共生。

赵谦翔老师也曾作过一首相关的打油诗:"冶性陶情养人生,最赖语文建丰功。空洞说教不济事,贵在学生自悟中。"这点我们还可以从王筠的执教经历中寻求证实。王筠在曲沃任职的时候,有个叫卫天鹏的学生"最为高足",每有问,王筠必"穷原竟委以告之"。等到王筠回乡宁任职,天鹏有所问则书信予之,王筠亦勤勤恳恳,"条答之辄数千言"。据《山东通志》卷一百五十六《文学录》记载:"卫天鹏字庄游,曲沃人……年二十,安丘王菉友摄令曲沃,从问六书义,学益进。"由此,可以看出,正是由于王筠诲人不倦,也正是由于卫天鹏孜孜以求,才铸就了一段教与学的佳话。教育就是要最大限度地满足学生的求知欲,调动学生的积极性,培养学生的问题意识和探究意识,使学生从单纯的"听者""答者"的角色中走出来,成为"问者""思者""论者",正如哈佛大学的一句名言:"The one real object of education is to have a man in the condition of continually asking questions."(教育的真正目的就是让人不断地提出问题、思考问题)。

第三,不迷信权威的能力。刘耀椿撰《王菉友先生墓志铭》曰:"吾友王先生菉友,振臂而起,积数十年之力,寝馈其中,为《说文释例》二十卷、《说文句读》三十卷。虽其《说文句读》一书,多采桂氏(桂馥)及金坛段氏(段玉裁)之说。然独辟门径,折衷一是(协调不同意见),初不依傍于人,不可谓非许氏(许慎)之功臣,二家之劲敌也。"王筠《说文句读》的一大特色是利用金文的研究成果来进行注解,他说"毋视《说文》为完书也"。这本书纠正了许慎的许多不足或者失误,包括许慎所引篆字的错误、形体分析的错误、说解字义的错误等,并参以己意,删繁举要，变艰涩为浅易，将其演绎为初学《说文》较为便利的本子。

王筠的《说文释例》系统阐述了汉字的不少理论和概念，如"分别文""非字""类增字"，对后世的文字学理论建设做出了贡献。在此书中，王筠依然沿袭不迷信权威、严谨治学、实事求是的态度，他在《说文释例》卷一中说："凡傍一书而成一书者，其心思必苟，其目光必短，虽幸而传，亦必不久。"以"也"字为例，《说文》训作"女阴也，象形"，段玉裁对此说深信不疑，言"本无可疑者，而浅人妄疑之"，然而王筠则根据《宣和博古图》所录的周义母匜、孟皇父匜等铭文，推断"也"为古"匜"字。王筠又在卷五《补正》里，从语音上证成其说：《说文》从"也"之字凡十二，如"迤""施""驰"等，其声皆与"匜"音相近。[①]这就是对许慎"象形"之属的有力反驳。可以说，王筠有关《说文解字》的研究架起了许慎的《说文》和现代汉字学的桥梁。王筠正是以他自身的实际行动为批判质疑唱了一首赞歌，如此精神也正是教育和学习所需要的。

任何阅读，都必然伴随着个体的主观认知和阐释，教科书并不是"圭臬"，教师也不代表绝对的真理和权威，学生是一个个活生生的个体，有着独特的情感体验和思维逻辑，其诵读必将是一个以"我"的眼光读出"我"的收获的过程。语文名师宁鸿彬老师就曾提出"三不迷信"，即不迷信古人、不迷信名家、不迷信老师，这对学生创造性思维能力的培养是大有裨益的。

纵观目前的语文课堂教学，能如王筠一样的教师少之又少：一言堂的教学传统依然风中摇曳，学生只不过是教师思想的俘虏，更有甚者摆着架子满堂问还美其名曰启发，实质只不过是诱导学生揣测其心中标准答案的伪自主。这自然不能归罪于学生笨，只能从教者身上找原因。师道尊严是我国的传统，由此造成有些教师不自觉就会实行教学专制。学生没有一点个人的见解，而是跳入了教师精心设计的"圈套"当中，正是在教师一步步提问和对学生回答的一次次纠正中，学

[①] 王云：《浅论王筠的学术贡献及影响》，硕士学位论文，山东大学，2007，第19页。

生一点点消磨了自我,完全丧失了独立思考的自由,这是一种多么可怕的现象!因此,语文课程应该尊重学生的身心,张扬学生的个性,培养他们追求真善美的科学创造精神,让他们大胆突破盲从书本的思想牢笼,冲出固执己见的精神枷锁。

最后,作为一名教师应该要有高尚的师德修养。"师者也,教之以事而喻诸德者也"。古往今来,"尊德性而道学问"一直是优秀教育工作者的人生追求和教育理想,有多少教师用自己的汗水和心血谱写出了华丽的教育诗篇,以自己的诚挚和信仰经营着悠长的文化繁衍,以自己的希冀和神往描绘着斑斓的成长手记,以自己的理念和思想铸造着历史的源远流长。王筠也不例外,他同样重视人的高尚品格的培养,强调"孝弟忠信",并且躬身行之,他的学生金善臣曾复书说道:"今之君子莫为古也,而先生不耻下交,以古相处,敢不拜嘉。况中外有限,大小不伦,而先生不以中限外,不以大病小,过以与之,先辱宠章。勤勤恳恳,切切偲偲,若哀其愚蒙以燠休之。"这是对王筠师德的一种肯定和赞扬。这就要求教师有极高的道德修养和专业素质,具体表现在:

第一,涵养大写之爱。要想培育未来社会的健康公民,在教育中必须涵养大写之爱。何谓大写之爱?就是把教师对教育事业的无私奉献倾注于对学生的理解、尊重和疏导上。我国现行的课堂教学,基本可以概括成三种师生关系模式:其一是"填鸭式",即教师唯恐学生吃不饱、饿得慌,便将吃食揉碎了、嚼烂了,不择手段地灌输给学生,如此便心安理得,而不考虑学生是否有食欲或者能否消化。其二是"诱导式",即教师不是将食物直接捧在学生面前,而是运用多种措施,激发食欲,让学生知晓食物是多么营养和美味,使其垂涎欲滴,从而自己动手来取食物。其三是"共享式",即面对美食,师生一同进餐,平等地述说各自的感受和评价,不强迫众口统一,而是共同享受大快朵颐的乐趣,共同享受思想的激荡愉悦。此三种模式,第一种显然不可取,第二种看似高明,却实际是在思想上主宰和禁锢学生,第三种平等和谐的关系模式才是我们今天课堂所需要的师生关系。因此,教师必须尊重和理解学生,平等地对待学生,关心和爱护学生。当教师把学生当成独立的个体看待时,教师就获得了一份信任、一份友谊,学生也流露出一种自信、一种欣喜,师生关系则表现为一种融洽、一种和谐。

王筠作品中的教育思想

王筠在《教童子法》中所提出的"学生是人,不是猪狗"的观点,正是表明了他坚持"尊重学生,爱护学生"这一教育理念的立场,在当时的社会,能关注学生本身的兴趣、人格、尊严和发展,而不是把他们扭曲成应对科举的机器,是非常可贵的。不过王筠所强调的语文教育对"人"的认同和关怀,在本质上并没有超越,也不可能超越传统语文教育的历史格局。换句话说,就是王筠教育思想当中的"人本"因素,旨在培养传统文化和社会中的"理想的人",而不是现代意义上"完整"的人。因此,我们在论说王筠"以人为本"教育思想的合理性和优越性时,也只能立足于他所处的历史时代[①],但这并不妨碍我们从他的思想中得到有意义的启示。著名学者周国平先生指出:"天才对教育唯一可说的话是第欧根尼的那句名言:'不要挡住我的阳光。'"之所以与"猪狗"等动物不同,在于学生是有血有肉有感情有性格的人,而教育则是让"人"得到充分、自由、全面的发展,使之具有作为"人"的本质和特性,使之能够对自身存在的尊严、价值、意义等因素清楚地感知和觉悟,并能够自觉而执着地予以追求幸福、积蓄能量、维护个人合法权益和承担社会责任,而不是为动物和器具。只有在教师维护和尊重学生天性的氛围中,学生才能够摆脱压迫感、焦虑感,积极主动地接受教育、自觉学习,拥有真正的心智生活。

王筠倡导学习中的"怡然自得",他心中的理想教学效果是"欢欣鼓舞",就今天来看,快乐并不代表世俗所谓的成功,也不等同于富裕,只有个人内心深处的事业或者理想得到满足时才会快乐。赵谦翔老师曾经说过这样一句话:"人之大者,未必官之大者,钱之大者,名之大者,但必为志之大者,境之大者,慧之大者。"就是说我们教育的育人目标不应局限于培育"大官""大款""大明星",而应该致力于培养有大志向、大智慧、大境界的人。或许,教育的真谛正是通过那些使学生品尝到了智力快乐和心灵愉悦的学习,把人引导到作为一个完整的人的健康生活当中。李镇西老师在参观一所著名的中学时,陪同的校长非常自豪地向

---

① 袁祺:《王筠"以人为本"的语文教育思想对现代语文教育的启示》,《连云港师范高等专科学校学报》2004年第4期,第15页。

他介绍了从该中学走出的著名文学家、物理学家、科学家以及院士,事后他说:"这个学校创办百年,显然绝不只是培养了校园里所展示的以及校长所提到的十多位学生,而是千千万万。在这数以万计的毕业生中,能够'著名'的毕竟是少数,而绝大多数都悄无声息——他们在自己的岗位上,以自己的劳动为生,这样的劳动者,同样是母校的成果,是学校教育成功的标志。"[1]对于教师来说,爱学生、育全人,就要尊重每一个孩子的未来,不要以学生将来的地位高低来评价教育的作用和目的,无论是杰出者,还是普通人,唯有将"求真、为善、尚美"一以贯之,才能真正使每一个学生成为坦坦荡荡的大写之人。

第二,严谨的治学态度。作为教师,对待教育这一神圣而朴素的事业,要有几十年如一日的心态,要有呕心沥血育桃李的追求,要有"衣带渐宽终不悔"的执着,还要有"一片冰心在玉壶"的境界,更要有一丝不苟的严谨治学的态度。王筠《说文句读》上批注补订的校正,是他在咸丰二年(1852)六月至咸丰四年(1854)十月所作,那时他已经是七十高龄,"时阅十年,稿凡三易",对于这样一部倾注了自己半生心血的功力之作,即使到古稀之年,仍孜孜不倦删改,补阙拾遗,其治学的严谨何止于至善的境界,着实令人敬仰。他书于自序末尾的一段话这样写道:"咸丰四年八月覆阅之,至十月抄而毕。凡所删改增益的约数百事,将别勒为一册,刻为补正。十一月初三日冬至记。"根据《年谱》记载,咸丰四年七月,以病乞休;至十月,病日笃,犹日抄别册不释;十一月,医药罔效,然日犹起坐如平时。《行述》有言:"先生初得疾,咯血数口,旋愈而不思食,犹不释卷。"这种字斟句酌、精雕细琢、至死方休的态度与追求感人至深。治学对王筠而言,不只是完成任务,不只是家族传统,它同时也是王筠自身生命价值和发展的凝聚。王筠曾经说过:"然读书不破万卷,不敢妄下雌黄,读书能破万卷,尤不敢妄下雌黄。"由此,可以看出其一丝不苟、严谨的治学态度。

严谨治学、精心育人是教师应具备的基本素质,又是教师工作的制高点,严谨治学是精心育人的前提和基础,精心育人是严谨治学的提高和升华。在严谨治学方面,教师要坚持虚心学习,学而不厌;严肃认真,精益求精;不断探索,勇于

---

[1] 李镇西:《尊重每一个孩子的未来》,《语文建设》2010年第9期,第71页。

创新。我国学者朱自清曾就《荷塘月色》这篇美文中"夜间蝉是否鸣叫"这一问题请教有关学者并身临其境考究,最终得出夜间蝉鸣叫的结论。这种同王筠一样的严谨,是值得我们今天学习和效仿的。

第三,对待学生成长的耐心和宽容。正所谓"十年育树,百年育人",教育有着时间长久的特点,"冰冻三尺,非一日之寒",教育教学不是立竿见影的快节奏工程,一口吃不成个胖子,所以就需要教师对学生的成长和进步有足够的耐心,正视学生的错误,真诚地信任学生。耐心是教师自内而外的一种人格修养,这种修养如"春风化雨"般让学生在宽容和平等中"润物细无声",持续不断地影响着、塑造着学生。

王筠在谈到作文教学的时候,曾说:"作诗文必须放,放之如野马,踶跳咆嗥,不受羁绊,久之必自厌而收束矣。此时加以衔辔,其俯首乐从。且弟子将脱换时,其文必变而不佳,此时必不可督责之,但涵养诱掖,待其自化,则文境必大进。譬如蚕然,其初一卵而已,渐而有首有身,蠕蠕然动,此时胜于卵也;至于作茧而蛹,又复块然,此时不如蚕也;徐俟其化而为蛾,则成矣。"由此可见,写出好作文的突破口在于"屡次脱换",而良师能够在每次"脱换"之时给予学生沟通和指导,但恰恰是这"每次的脱换"需要的耐心和宽容,透露着教师灵魂深处的那份职业精神,"待其自化"而佳文出也,"钝师"则很难去等待"脱换"之时便加以阻止,使之夭阏。因此,可以说学生成长中的不成熟乃至错误都是一种正常的现象,其中往往包含着求新求异的可贵因素,如果因为教师的缺乏耐心而一味打压和扼杀便很可能阻断成功成才的进程和创造创新的萌芽,这恰恰与教师的精神所相悖。

《海伦·凯勒的教育》一书记述了盲聋哑女孩海伦的童年生活,她顽劣,易暴怒,然而这些却都融化在了她的老师莎莉文的耐心教导和坚守中,所以海伦说假如给她三天光明,她会仔细端详给她灵性和人格的老师。就语文学科来说,不仅仅写作上需要教师的耐心,课堂阅读教学更需要教师的宽容,说到底教师要尊重学生思考的权利。有句话说得好:"语文课应该成为学生思考的王国,而不是教师思想的橱窗。"对一篇课文、一个问题的理解和分析,不应该只有教师一个人的声音,"一枝独秀不是春,百花竞放才是春",因为只有尊重学生思考,把学生放在平等的位置,和学生进行一种对等的交流,才会从源头上耐心等待学生每一次的思考。所以教师应允许学生有不同的看法,在阅读教学过程中引导学生独立思考,鼓励有创见的思想和表达,努力使整个阅读教学课堂呈现出一种对等的、开放的学习氛围,在时间上耐心地等待学生的思考,在空间上耐心地等待学生的发展,让耐心在语文教育中结出硕果。

教师不要怕学生说错或者做错,不栽跟头的人永远长不大,所谓拒绝错误就是毁灭进步,多一分耐心,多一分宽容,就会多一分希望。每个学生都是一个丰富多彩的世界,在那里有美丽的花朵、碧透的小河、蓝蓝的天空,当然也有旁逸的枯枝、丛生的杂草,偶尔也会阴云密布,这就需要教师用足够的耐心和宽容,去呵护他们成长的土壤,用智慧去启迪他们纯真的心灵,用阳光去驱逐黑暗,使学生的世界更加透明,更加生机盎然。

第三节　继承与发展

王筠一生出版了许多著作,其自身也是一部具有师道精神的著作。从他的书里,我们可以读出一种自觉的价值追求,可以读出一种坚定的社会理想,可以读出一种高尚的教育信仰,可以读出一种可贵的反思意识。面对当时语文教育异化为科举制度的附庸并且丧失了原有的独立性和延展性,王筠将矛头直指当时社会的"俗师",尖锐地指出了当时语文教育的五个问题:教育目的异化、教学内容贫乏、教学方法简单、违背教学规律、重教而不重育等,体现了他希望以教育者的自我觉醒改进教育的现状。而王筠针对这些问题对教师也提出了三点要求:广博的知识、精湛的教学能力、高尚的师德修养。这证明了他是以反思者、觉醒者的姿态出现的,他试图用自身的人格品质、教育理念、书籍著作、教学方法来影响和促使更多的语文教师发掘其教育自我意识,加入反思型教师的队伍中来。

这里,从王筠身上所体现出的自我意识已经触及当今社会语文教育改革中的一个热点话题,即语文教师的专业化发展问题。在学科教学和自我发展的基础上谋求不断吸收、不断反思、不断创新,进而谋求学生、自我和教育三者的和谐共生应该说是现代语文教师的必备素养和致力的方向。由此看来,长久困扰我国语文教育的"重分数、轻能力,重答案、轻过程,重讲授、轻体验"的怪圈,难道仅仅是考试制度的弊端所造成的吗?其中是否也和我们广大的一线语文教师缺少主体意识和反思意识,只知亦步亦趋地奉行考试制度有关?如果一味将所有问题都归结于教育体制,而忽视作为课程管理者和实施者的教师的思想和行为,其结果同样是不容乐观的。因此,现代新课程理念想要落实,绝不仅仅是外在的教育制度革新就能实现的,更为关键之处在于语文教师能否有效更新自身的教育理念,并将其内化为教育信仰和动力,从而真正赋予教育以希望、价值。

王筠的教育思想为我们语文教育的弊病指明了方向、提出了要求,在学习王筠的教育思想和理念的同时,更重要的是要继承和发扬。如果说"高尚的师德修养、广博的知识、精湛的教学能力"是传统的语文教学宝贵的财富,那么"自身认同与自身完整的素质,正确的语文教育观,学习理论、借鉴经验去分析问题、解决问题的能力"就必定是当代语文教学时代的传承和创新了。

自身认同与自身完整的素质。王筠要求教师注重教学艺术,他认为教学是一种科学,更是一门艺术。王筠说:"教弟子如植木,但培养浇灌之,令其参天蔽日。其大本可为栋梁,即其小枝,亦可为小器具。今之教者,欲其为几也,即曲折其木以为几,不知器是做成的,不是生成底。迨其生机不遂,而夭阏以至枯槁,乃犹执夏楚而命之曰:'是弃材也,非教之罪也。'呜乎!其果无罪耶?"教育学生就犹如种植树木,教师只有细心浇灌,才能使其长成参天大树。同样,教师只有承认学生的人格和价值,解除影响学生个性正当发展的种种束缚,并因材施教,才能让学生的个性自由而健康地发展。当今的庸师们按自己的主观愿望,压抑和扭曲学生的个性,使学生像树木那样,"生机不遂,而夭阏以至枯槁"。再用体罚等方式教育学生,摧残学生的身心,结果会造成许多"弃材"和"废才"。王筠一针见血地指出了这是教育的悲剧。

随着对教师专业发展研究的深入,关于"教师是谁"这一问题,学界已就教师职业的专业化达成了共识,社会大众也极力维护教师的专业地位,但是关于"我是谁"的问题,广大教师却少有思考。作为一名优秀的教师,首先应当正确认识自己,对"我是一个怎样的老师"有着乐观、客观的评估。教师的自我意识应当在良好的氛围中,通过不断主观努力来提高。每个教师都要树立正确而稳定的自我概念——即每个教师作为独立个体,在心中对自己的印象;也就是每个教师对自己身体、性格、能力、思想、态度等方面的综合认识,是一系列态度、信念等价值标准组成的认知结构,每个教师都拥有这样的认知结构,大多数是潜在的、不自觉地贯穿于经验和日常行为的一切方面;但教师应当向自己的思想深处探索,把潜在的意识变成认识。教师在这方面有了正确客观的认知,才能正确评价自己,悦纳自己的优点和缺点,从而给自己定下切实可行的目标,理想和现实就不再有遥不可及的距离。

一个拥有完整自我意识的人永远不会只停留在人生的原点,他总是会在有限中追求无限,在自然的羁绊中超越自我,自觉涤荡成为独特个体的生命建构。在越来越注重教育,特别是基础教育的今天,推行新课程的实施需要教师不断反思,这是教师专业成长中不可或缺的一环。反思不仅是教师自身发展的基础和前提,还是教师成长的新起点。

孔子曾说:"吾日三省吾身。"可见身为思想家与教育家的孔子在2000多年前就已经养成了每天进行反思的良好习惯。只有教师自己才能改变自己。只有教师意识到自己教学经验的局限性,经过反思使其调整和重组,才能更新教育观念,改善教学行为,提高教学水平。反思的过程,也是形成自己对特定教学事件独立思考、发挥创造性见解的一个过程。做到了这些,教师才能摆脱旧有不合理观念的枷锁,真正成为教学和教学研究的主人。如果老师只是按照自己的主观意愿去要求学生,只会犯下"欲其为几也,即曲折其木以为几"的错误,最终酿成"是弃材也"的后果,这怎么能说不是他教育方法的过错呢?

为了使学生更好地成长,不被自己无心间犯下的错误所毁坏,教师就更应当注重反思的意义。反思不仅有着教学研究的意义,更意味着更宽泛的人的素质的提高。教师应当认真地检讨自己的言行——在教学过程中是否表现了适当的谦恭、豁达的胸怀、公正的品质、丰富的情愫以及丰富的想象力、敏锐的判断力,对待学生,尤其是学困生和不喜欢自己所教学科的学生,是否始终充满亲切地对他们保持耐心、寄托期望。如果一位教师只顾埋头拉车,默默耕耘,从不抬头看路,也不反思回顾,那么,充其量他只能成为一个地道的"教书匠",而永远无法实现真正的超越和自我发展。因此,教师要成为这样一种人,不仅要拥有发展自我实体和改造客观世界的自主能量,而且还要拥有启蒙自我意识和建构精神价值的自觉动力。

正确的语文教育观。"学生是人,不是猪狗"是由王筠首先提出的,这是一个自然教育的哲学命题,也是他全部教育思想的核心,贯穿于他的代表作《教童子法》全书中。王筠敢于批判当时"无知之师"误人子弟的现实:"乃世之教童子者,只可谓之猎食,而父兄为子弟延师,亦以其幼也,而延无知之师,曾不闻王介甫先入为主之说,是自误也。"在如何培养人的问题上,王筠认为"当望子弟为鼎甲",但这不是唯一的教育目标,更要功名、学问、德行三者并重。这属于语文教育观的内容范畴,即"我们应当教育什么样的人"的问题。

当代语文教师最关键的一点就是要树立正确的语文教育观并改变自己错误的语文教育观。帕尔默在《教学勇气》一书中说:"真正好的教学不能降低到技术层面,真正好的教学来自教师的自身认同与自身完整。"说得通俗一点,好教师的教学与教师自己作为人的真心真情、真实生活是完全融为一体的,进行教学时的教师就是现实存在的本真个体,而不是上课的时候戴上一副面具,下课后就随手摘下。

"任何真正可信的教学要求最终是来自教师内心的呼唤,这种呼唤使我尊重真实的自我。"李卫东老师曾经撰文指出。语文教师不是热衷高考宝典的高级教练,不是到处纵谈古今的演说家,也不是教参和答案的复印机,更不是赢得各大比赛的专业户,至于语文教师到底是谁,关键看他们如何在灵动繁复的语文教学中创造自己、定位自己、解放自己。语文课程标准要求教师和语文课程同步发展,并指出学生是语文学习的主体,教师是学习活动的组织者和引导者,也就是说,广大语文教师要形成自己独立的认知体系,认识自己、认识学生、认识教育、认识科学文化,并从"全人"发展的高度,积极满足和创设有利于学生学习和成长的条件。因此,语文教师应该正视学生学习促进者这一角色期待,立志做一名复合专家型教师。

学习理论、借鉴经验去分析问题、解决问题的能力。王筠是一个集人格和学识的大家,他的勤学善思,他的论述著作,无不影响了一代又一代后世之人。因此,借鉴他的《教童子法》相关经验去分析问题、解决问题,不仅能够优化教师自身的知识结构,实现知识结构的科学发展,还能够提升教师自身的钻研精神、专业发展意识、领悟能力和反思能力，提高教育教学效益和质量。王筠的《教童子法》是一套序化、高效的教学方法，究其根本在一"实"字，即尊重儿童的成长和发展规律，这对于我们今天的教育教学是有着重要的借鉴意义的。借鉴王筠关于师生关系的论述，我们可以深刻地认识到新课程所倡导的师生关系的调整，不是让教师从教学过程中全线退出，而是全身心地投入，形成教学的双主体性；借鉴王筠关于启发诱导的论述，我们可以知道"吃别人嚼过的馍"永远不会"多加餐饭"，含英咀华、精思深悟才能获得真切的语言与人文的涵养；借鉴王筠关于教育目标的论述，我们能够明了语文课程应该向生活空间、向实践、向课程内容的自由选择开放，而不是肆意开放、模糊了语文教学的本质和目标；借鉴王筠关于"茁实"的论述，我们可以透析表面花里胡哨、热热闹闹、眼花缭乱的课不是语文课，真正的语文教育不是一个箩筐什么都可以往里面装，而是民族的教育和母语的教育。如此种种，都是王筠在聚焦自身特定教育教学情境的经历、体验与感悟，描述自己教育教学生活中的遭遇、困惑与迷茫，尝试探寻、诠释与解决教育教学问题，这将激发广大教师对自身生存和发展意义的不断突破和叩问，使教育活动成为一个常研常新的过程，使教师知识得以扩展、能力得以提高。

斯人已去，千古遗情。那一声声"识二千字，乃可读书""令其善疑，诱以审问""多读勤讲，岁无旷日""圈其所抹，抹其所圈""功名、学问、德行，本三事也""应对进退，事事教之""孝弟忠信，时时教之""学生是人，不是猪狗""人皆寻乐，谁肯寻苦""小儿无长精神，必须使有空闲"等个性教育理念的呐喊，为我们现代语文教学提供了太多的可供借鉴的地方和思考的空间，同时也为我们提出了更高的要求。我们必须认真研读王筠的教育理念和思想，领会它的精髓所在，并运用到教学实践中去。这种研究和反思，应该永不止息。

参考文献

[1]陈鸣.创意写作:虚构与叙事[M].桂林:广西师范大学出版社,2011.

[2]陈桂生.聚焦教育价值[M].北京:教育科学出版社,2011.

[3]程汉杰.程汉杰语文高效阅读教学法[M].北京:中国林业出版社,2008.

[4]丁钢.全球化视野中的中国教育传统研究[M].桂林:广西师范大学出版社,2009.

[5]李毓秀.弟子规[M].北京:北京燕山出版社,2009.

[6]董志翘,杨琳.古代汉语[M].武汉:武汉大学出版社,2012.

[7]方亮辉.小学语文名师教例赏析[M].宁波:宁波出版社,2008.

[8]高平叔.蔡元培教育论著选[M].北京:人民教育出版社,1991.

[9]高歧清.儒家教育九面观[M].沈阳:辽宁大学出版社,1993.

[10]高德胜.道德教育的20个细节[M].上海:华东师范大学出版社,2007.

[11]耿红卫.革故与鼎新:科学主义视野下的中国近现代语文教育改革研究[M].济南:山东教育出版社,2008.

[12]耿红卫.和谐语文教育建构论[M].武汉:华中科技大学出版社,2010.

[13]耿红卫.网络语文教育建构论[M].武汉:华中科技大学出版社,2012.

[14]耿红卫.中国语文教育史教程[M].济南:山东教育出版社,2013.

[15]顾炎武.日知录[M].四库全书:子部,上海:上海古籍出版社,1985.

[16]华东师范大学教育系和浙江大学教育系.西方古代教育论著选[M].北京:人民教育出版社,2001.

[17]侯春梅.王筠《教童子法》与语文教育实践研究[D].开封:河南大学,2011.

[18]胡维革.中华传统文化荟要(2)[M].长春:吉林人民出版社,1997.

[19]李杏保,顾黄初.中国现代语文教育史[M].成都:四川教育出版社,2007.

[20]李洪.做谋略的教师[M].开封:河南大学出版社,2013.

[21]李镇西.教育:这首先是人学[J].江苏教育,2011(02).

[22]刘华.经典语文教育研究[M].北京:人民教育出版社,2009.

[23]刘铁芳.古典传统的回归与教养性教育的重建[M].北京:北京师范大学出版社,2010.

[24]刘家忠,魏红梅.王筠"以俗证雅"论考[M].北京:中国社会科学出版社,2011.

[25]廖良国.魅力语文教学[M].成都:四川教育出版社,2009.

[26]区培民.语文课程与教学论[M].杭州:浙江教育出版社,2003.

[27]潘新和.语文:审视与前瞻——走近名家[M].福州:福建人民出版社,2009.

[28]全国十二所重点师范大学.教育学基础[M].北京:教育科学出版社,2002.

[29]屈万里,郑时.清诒堂文集[M].济南:齐鲁书社,1987.

[30]学习型中国·读书工程教研中心.三字经[M].哈尔滨:哈尔滨出版社,2009.

[31]孙绍振.孙绍振如是解读作品[M].福州:福建教育出版社,2007.

[32]孙培青,李国钧.中国教育思想史[M].上海:华东师范大学出版社,1995.

[33]宋运来.语文教学最需要什么[M].南京:南京大学出版社,2011.

[34](苏)苏霍姆林斯基.给教师的建议[M].北京:教育科学出版社,1984.

[35](苏)捷普洛夫.心理学[M].赵璧如,译.沈阳:东北教育出版社,1952.

[36]田正平,肖朗.中国教育经典解读[M].上海:上海教育出版社,2005.

[37]佟乐泉,张一清.小学识字教学研究[M].广州:广东教育出版社,1999.

[38]檀传宝.走向德育专业化:学校德育100问[M].上海:华东师范大学出版社,2012.

[39]王云.浅论王筠的学术贡献及影响[D].济南:山东大学,2007.

[40]王文彦.中国语文教育发展史[M].呼和浩特:内蒙古远方出版社,2006.

[41]王文彦,蔡明.语文课程与教学论[M].北京:高等教育出版社,2006.

[42]王松泉.中国语文教育史简编[M].北京:社会科学文献出版社,2002.

[43]王雪莹.王筠《教童子法》蒙学语文教学理论及其现代意义[D].长春:吉林大学,2008.

[44]王崧舟.诗意语文:王崧舟语文教育七讲[M].上海:华东师范大学出版

社,2009.

[45]王筠.教童子法[M].北京:中华书局,1985.

[46]王筠.文字蒙求[M].北京:中华书局,1962.

[47]王筠.清诒堂文集[M].济南:齐鲁书社,1987.

[48]汪明帅.读一点教育史:教育史上的人与事[M].北京:中国人民大学出版社,2011.

[49]温儒敏,巢宗祺.《义务教育语文课程标准(2011年版)》解读[M].北京:高等教育出版社,2012.

[50]夏季亭,贾东荣.民办教育的探索与实践:山东民办教育发展战略研究[M].济南:齐鲁书社,2004.

[51]程少堂.程少堂讲语文[M].北京:语文出版社,2008.

[52]赵谦翔.赵谦翔讲语文[M].北京:语文出版社,2007.

[53]谢保国.中国古代语文教育史稿[M].银川:宁夏人民出版社,2009.

[54]杨伯峻.论语译注[M].北京:中华书局,2012.

[55]俞玉萍.漫步大语文的教与学:向着孩子们的幸福生活出发[M].南京:南京大学出版社,2012.

[56]喻本伐,熊贤君.中国教育发展史[M].武汉:华中师范大学出版社,2000.

[57]颜之推.颜氏家训[M].北京:北京燕山出版社,2009.

[58]中央教育科学研究所.叶圣陶语文教育论集[M].北京:教育科学出版社,1980.

[59]朱柏庐.朱子家训[M].北京:华语教学出版社,2005.

[60]朱永新.给中国教育的100条建议[M].北京:新华出版社,2011.

[61]朱永新.新教育之思[M].济南:山东友谊出版社,2007.

[62]朱光潜.朱光潜美学文学论文选集[M].长沙:湖南人民出版社,1980.

[63]朱有瓛.中国近代学制史料(第一辑下册)[M].上海:华东师范大学出版社,1986.

[64]曾国藩.曾国藩家书[M].北京:北京燕山出版社,2008.

[65]曾祥芹,刘苏义.历代读书诗[M].北京:中国文联出版社,2001.

[66]张伯行.养正类编(雕刻本)[M].福州正谊书院藏版,1866(同治五年).

[67]张志公.传统语文教育初探[M].上海:上海教育出版社,1962.

［68］张隆华,曾仲珊.中国古代语文教育史［M］.成都:四川教育出版社,2000.

［69］周洪宇,刘居富.迈向21世纪的中国教育科学［M］.武汉:华中师范大学出版社,1998.

［70］周德昌.中国教育史研究(明清分卷)［M］.上海:华东师范大学出版社,1995.

［71］章国华.阅读的温度:课文因心读而温暖［M］.北京:光明日报出版社,2009.

后 记

从乐山师范学院李先锋博士那里得知山西出版传媒集团教育薪火书系项目组准备出版中外教育家系列丛书,甚喜。抱着试试的态度与玉成书院创始人,时任四川大学人文艺术实践与转化中心执行主任的周毅博士取得了联系。我把个人简历发给周博士,他给项目组负责人看了之后,明确表示愿意与我合作,并把本项目的写作对象发给了我,研究对象主要涉及中外几百位教育家。由于我的主要研究方向是语文教育,加上开设有《中国语文教育史》这门课,对王筠这一清代语文教育家的教育思想尤其是语文教育思想有所了解,因此,就选择了对这一历史人物的研究。

由于教学、科研业务比较繁忙,本人很难有完整的时间独立从事对王筠教育思想的研究。值得庆幸的是,这些年来,我的研究形成了比较强大的学术团队,在他们的大力协助之下,这一书稿才得以顺利完成。本著作的具体分工是由我担任主编,主要负责前言、后记及统稿工作;河南省长垣县芦岗乡第四初级中学王娜撰写第一章《被关注的识字教学》;安阳市高新区银杏南校张岩岩撰写第二章《被注意的写字教学》;河南省许昌市毓秀路小学的吕进撰写第三章《被重视的阅读教学》;新乡医学院刘宁撰写第四章《被认识的写作教学》;河南省延津县职业中等专业学校李霞撰写第五章《被提出的德行教育》;《销售与市场(农资刊)》原喜娟撰写第六章《个性的教育理念》;四川师大附属第一实验中学周东艳撰写第七章《切实的教育主张》;郑州市106中学马雯雯撰写第八章《发展的为师之道》。

本书得到教育薪火书系项目组、山西出版传媒集团的垂青和厚爱,在此表示衷心的感谢!本书还得到玉成书院周毅博士、乐山师范学院李先锋博士的关心和支持,在此表示深深的谢忱!此外,本书还参考了国内大量的文献资料,在此向已列出和未列出的文献作者表示诚挚的谢意!由于研究视野和水平有限,难免会有些纰漏之处,望各位读者给予批评、指正。

耿红卫
于河南师范大学